평생교육
실습론

오중근 배숙영 서옥순 이경아 김은희 박기주 김정희 황해인 편저

항공신문

이 책을 펴내며

평생학습사회의 도래와 국가주도의 평생교육정책 사업 확대 등에 따라 평생교육사의 역할이 더욱 강조되고 있는 시기이다. 또한 평생교육의 실천을 책임지고 있는 평생교육사에 대한 관심과 그 역할의 중요성이 부각되고 있으며, 평생교육현장의 급속한 변화와 확산은 평생교육사가 담당해야 할 역할에 많은 변화를 일으킨다. 하지만 양성체제의 미비로 평생교육사에 대한 중요성과 전문성이 저평가될 수 있다.

평생교육의 시대, 평생학습사회를 만들어 가기 위한 평생교육사 양성체제의 내실화로 질 높은 평생교육사를 육성하고 평생교육사 자격제도를 의미 있게 만들 필요성이 있으며, 평생교육사를 체계적으로 양성하는 일은 무엇보다 평생교육의 발전을 위해 중요한 일이다.

평생교육 현장실습은 대학에서 익힌 평생교육 이론을 구조화된 실천적 경험을 통해 교과에서 습득한 평생교육 지식, 기술, 태도를 통합적으로 체험함으로써 평생교육 현장 전문가를 만드는 데 있다.
평생교육현장실습에 관한 규정이 개편되고 실습시간을 160시간으로 정규교육과정으로 편성하여 이론 강의 후 4주간의 실습을 교육현장에서 체험 후 평가하는 15주의 강의로 편성되었다. 이러한 중요성의 일환으로 국가평생교육진흥원에서 평생교육현장실습 메뉴얼을 출판하고 평생교육실습 담당교수와 실습담당자들의 연수교육을 실시하였다.

이 교재는 평생교육사에게 필요한 평생교육이론과 평생교육실습에 대한 이해도를 높이기 위해 평생교육연구팀이 다년간의 실습생을 지도하며 평생교육사 양성기관들이 요구하는 실습일지(내용)와 각종 서류가 제각각이어서 전국적으로 표준화된 평생교육실습일지가 필요해서다. 또한 실습기관들의 실습지도에 대한 전문 지식이 없어 그냥 시간만 이수하는 것과 현장에서의 평생교육사의 역할에 대한 평생교육 지식, 기술의 부족함을 해결하고자 집필하였다.

부록으로 평생교육실습일지 작성 예를 첨가하였다. 국가평생교육진흥원에서 출판된 현장실습 메뉴얼에 충실하기 위하여 참고자료로 활용하였으며, 국가평생교육진흥원에서는 표준화된 실습일지를 만들고 양성기관의 실습지도 방법과 평생교육현장실습생, 실습기관과 실습지도자들에게 도움이 될 수 있게 하였다.

평생교육사가 실습과정을 통해 평생교육사의 역할과 직무의 명확화가 필요하며 양성체계에 따른 양성기관과 실습기관의 지정제로 질 좋은 평생교육사의 육성이 평생교육현장에서 직업적 비전과 철학을 갖고 전문 직업인으로 당당히 성장하여야 할 것이다.

지금까지도 평생교육현장에서 일하고 있는 평생교육사들에게 아낌없는 박수를 보내며 평생교육실습지도교수, 평생교육현장실습생, 실습기관과 실습지도자들에게 평생교육실습에 작은 도움이 되기를 바라며 감사드립니다.

2018년 9월

오중근 배숙영 서옥순 이경아 김은희 박기주 김정희 황해인

평생교육 연구팀

차 례

제 1 장
평생교육사의 이해

1. 평생교육사의 정의

2. 평생교육사의 역할

3. 평생교육사의 자격

4. 평생교육사의 배치

5. 현행 평생교육사 문제점들

제 1 장 평생교육사의 이해

1. 평생교육사의 정의

평생교육사에 대한 정의는 일반적으로 평생교육법의 제24조에 의거하여 평생교육 진흥을 위하여 평생교육현장에서 평생교육 프로그램의 기획·진행·분석·평가 및 교수업무 등 평생교육 관련업무의 전반적인 영역을 담당하는 평생교육 현장전문가이다.

대부분 이론가들이 평생교육사란 평생학습자의 생애주기별 특성과 사회적 상황에 맞추어 평생교육을 기획·진행·분석·평가 및 교수업무를 수행하는 자라고 이해하고 있다. 평생교육사라는 명칭과 자격은 한국의 사회적 요구에 부응하여 평생교육자, 사회교육자, 사회교육교사, 사회교육담당자, 사회교육강사, 사회교육기획자, 사회교육전문요원, 사회교육지도자, 성인교육자(송병수, 이영호, 2000) 등이 있는데, 이들 용어들은 과거 평생교육이 활성화되기 이전부터 활용되어 왔다. 이러한 용어들이 사용되어 온 배경은 평생교육의 체계가 확립되기 이전부터 그 역할들이 잠정적으로 다양하다고 여겨졌고, 전문가로서의 역할이 불분명한 측면과 역할 분담이 뚜렷하지 못했던 상황에 기인하고 있다. 그러나 2000년 평생교육법의 공표 이후 평생교육사에 대한 정의가 명확해졌고, 그 역할과 실천성이 구체화됨으로써 평생교육사라는 명칭으로 합의되어 활용되고 있다.

2. 평생교육사의 역할

평생교육법 제24조에 의거하면, 평생교육사의 역할을 '평생교육을 기획, 진행, 분석, 평가 및 교수업무를 수행하는 자'라고 명시하고 있다. 주요 이론가들의 평생교육사에 대한 역할규정과 비교하여 볼 때, 평생교육법상 명시된 평생교육사의 역할은 크게 네가지로 분류해 볼 수 있다. 안홍선, 권혁훈(2011).

1) 평생교육 기획자

과거의 프로그램을 바탕으로 현재와 미래의 프로그램을 기획하고, 어떻게 잠재적 학습자, 교수자, 학습내용, 그리고 자원을 효율적으로 활용하여, 구체적 교육목표로 설정된 것들을 달성할 수 있을 것인가를 준비하고 제시하는 것이다. 따라서 기획자로서의 평생교육사는 교육의 주요 요소들인 학습자, 교수자, 교육내용, 그리고 각종 자료들에 대하여 전반적인 지식과 이해를 갖고 있어야 한다. 기획자는 또한 프로그램의 내용과 관련하여 그 개발 여부와 관련된 일련의 의사결정을 하여야 하며, 목표에 맞게 프로그램을 정교화 하는 역할을 담당하여야 한다.

2) 평생교육 진행 · 운영자

평생교육은 행정 · 관리적 차원에서 교육의 주체, 관련자, 자원, 자금 등을 효과적으로 분배, 활용, 운영해야 하며, 이에 필요한 전반적 지식과 기술, 그리고 전략적 실행 능력을 갖출 필요가 있다. 평생교육의 운영자는 현실에 기반하여 볼 때, 각 평생교육기관의 장이나 관리자 급의 인력들이며 이들은 평생교육현장에 대하여 전체론적인 시각(macro-perspective)과 세부적 시각(micro-perspective)을 갖추고 조화로운 관리실행을 펼쳐 나가야 한다. 이때 평생교육 운영자는 평생교육기관 자체의 사명선언(mission statement) 구현을 늘 염두에 두고, 세부적인 교육 프로그램이 교육목적을 달성하도록 돕는 인력과 자원을 목적에 맞게 활용토록 도와야 한다.

3) 평생교육 분석 · 평가자

평생교육 평가의 대상은 인력, 교구, 교재, 사회적 상황, 그리고 프로그램 자체에 대한 평가를 포함한다. 분석과 평가에는 다양한 모델과 이론을 활용하여 실시하며, 분석과 평가의 목적에 따라서 적절한 방법을 선별하여 시행할 수 있다. 평가자의 역할을 수행하는 평생교육사는 반드시 관리자가 아닌 분석, 평가의 역할만을 담당하는 전문인이 될 수도 있다.

4) 평생교육 교수자

평생교육사의 기본 업무는 개별 프로그램의 교육내용을 가르치는 교수자이다. 따라서 평생교육의 특성상 매우 다양하고 세분화된 프로그램 교육을 실시하고 있고, 그것을 담당하고 가르치는 교수자의 역할은 교육의 효과에 있어서 매우 중요한 것이다.

교수자로서의 평생교육사는 담당 교육내용에 대한 전문가이거나 실천자로서의 경험이 중요시된다. 이들은 학습자들의 요구와 학습목표에 맞추어 교육내용을 구체화하고, 준비하고, 적절한 방법을 활용하여 교육을 실시하게 된다. 실제적으로 교수자는 최일선에서 학습자를 만나고 그들과 의사소통을 통해 교육의 목표가 달성되도록 해야 하는 매우 중요한 현장주체로서 존재한다. 또한 교수자는 학습자들이 학습 과정과 결과에 주체적으로 참여하게 하고, 교육목표를 달성케 해야 할 매우 중요하고도 가치 있는 역할을 담당하고 있음을 인식해야 한다.

3. 평생교육사의 자격

평생교육사의 자격은 1999년 8월 평생교육법이 제정되어 2000년 3월 시행령 공포에 따라 규정·시행되어 왔다. 평생교육법 제24조에 '평생교육사'란 "대학 또는 이와 동등 이상의 학력이 있다고 인정되는 기관(학점은행기관, 평생교육사 양성기관)에서 교육부령으로 정하는 평생교육 관련 교과목을 일정학점 이상 이수하고 학위를 취득한 자"라고 규정하고 있다.

평생교육법 조항	내용
평생교육법시행령 제16조	평생교육사 등급 : 1급, 2급, 3급: 등급별 자격요건

평생교육법시행령 제16조에 의하면 평생교육사 자격 특징은 첫째, 세 단계(1급, 2급, 3급)로 구분한다. 이는 대학(원) 혹은 전문대학에서의 평생교육사 양성과목의 교육이수와 실습 및 현장 경력을 중심으로 구분한다. 교육과정을 통하여 배당된 이수학점과 시간이 규정되어 이러한 요구를 충족시키면 평생교육사의 자격증이 주어진다. 그리고 평생교육사 2급 취득 후 교육부장관이 정하는 평생교육과 관련된 업무에 5년 이상 종사한 경력이 있는 자로서 국가평생교육진흥원이 운영하는 평생교육사 1급 승급과정을 이수한 자에게 평생교육사 1급의 자격이 주어진다.

둘째, 평생교육사의 자격 특징은 현장경력을 중시한다. 따라서 평생교육사 3급 자격증을 보유하고 관련 업무에 3년 이상 종사한 경력이 있는 자로서 진흥원이나 지정양성기관이 운영하는 평생교육사 2급 승급과정을 이수한 자에게 평생교육사 2급 자격증을 받을 수 있다. 이러한 규정은 현장에서의 실천적 경험을 평생교육사의 역할과 실천적 지식으로 인정하여 그들에게도 평생교육의 전문인이 될 기회를 주는 것이다. 이는 평생교육 이론의 중요성을 인정하는 반면, 현장에서의 실천을 강조하여 실천가가 갖는 교육의 현장 적응력을 높이 평가한 것이다.

정리하자면, 상급의 평생교육사 자격을 취득하기 위해서는 평생교육사 승급과정 연수교육을 받아야 한다. 즉, 평생교육사 3급에서 2급으로, 2급에서 1급으로의 이동은 가능하며 이를 위해서는 법이 정하는 평생교육사 승급과정 연수교육을 받아 상위 평생교육사가 요구하는 자격요건을 구비해야 한다. 이러한 전반적인 평생교육사 자격취득 요건과 등급별 이수과정 및 이수학점은 표1-1과 같다.

[표 1-1] 평생교육사 자격 취득 요건과 등급별 과정 및 이수학점

등급	자격기준
1급	평생교육사 2급 자격증을 취득한 후, 평생교육 관련업무에 5년 이상 종사한 경력이 있는 자로서 국가평생교육진흥원이 운영하는 1급 승급과정을 이수한 자(2급 자격취득 이후 경력만 인정)
2급	(1호) 대학원에서 필수과목 15학점 이상 이수하고 석사 또는 박사학위를 취득한 자 (2호) 대학 또는 학점은행기관에서 평생교육 관련과목을 30학점 이상 이수하고 학위를 취득한 자 (3호) 대학을 졸업한 자로서 대학 또는 학점은행기관에서 평생교육 관련과목을 30학점 이수한 자 평생교육사 3급 자격증을 보유하고 평생교육 관련업무에 3년 이상 종사한 경력이 있는 자로서 국가평생교육진흥원이 운영하는 2급 승급과정을 이수한 자(3급 자격취득 이전/이후 경력 모두 인정)
3급	(1호) 대학 또는 학점은행기관에서 평생교육 관련과목을 21학점 이상 이수하고 학위를 취득한 자 (2호) 대학을 졸업한 자로서 대학 또는 학점은행기관에서 평생교육 관련과목을 21학점 이수한 자

구분	대상자		이수과정(학점)	이수기관
1급	평생교육사2급 취득 후 평생교육관련업무 5년이상 경력자		1급승급과정	국가평생교육진흥원
2급	학위과정	대학원 재학생	15학점(필수5) + 석/박사학위취득	대학원 석/박사과정 이수 과목
		(전문)대학 재학생	30학점(필수5/선택5) + 진문학사이싱학위취득	(전문)대학
		학점은행제 학위과정 수강생		학점은행기관
	비학위과정	(전문)대학 재학생	30학점(필수5/선택5)	(전문)대학 학점은행기관
		평생교육사3급 보유하고 평생교육관련업무 3년이상 경력자	2급승급과정	국가평생교육진흥원
3급	학위과정	(전문)대학 재학생	21학점(필수5/선택2) + 전문학사이상학위취득	(전문)대학
		학점은행제 학위과정 수강생		학점은행기관
	비학위과정	(전문)대학 재학생	21학점(필수5/선택2)	(전문)대학 학점은행기관

자료: 국가평생교육진응원(2018). 홈페이지, 평생교육법 시행령(일부개정2009.8.11.)

평생교육사가 되기 위해 이수해야 할 교육 교과명과 취득학점은 [표 1-2] 평생교육사 양성과목 및 조건표와 같이 필수 과목 5과목과 선택과목 21과목으로 구성된다.

[표 1-2] 평생교육사 양성과목 및 조견표

구분		과목명		비고
필수과목(5)		평생교육론 평생교육방법론 평생교육경영론	평생교육프로그램개발론 평생교육실습(4주간)	과목당 3학점 평균 80점 이상의 학습 성적
선택과목 (21)	실천영역 (8)	아동교육론 청소년교육론 여성교육론 노인교육론	시민교육론 문자해득교육론 특수교육론 성인학습 및 상담	
		1과목 이상 선택하여야 함		
	방법영역 (13)	교육사회학 교육공학 교육복지론 지역사회교육론 문화예술교육론 인적자원개발론 직업 · 진로설계	원격(이러닝, 사이버)교육론 기업교육론 환경교육론 교수설계 교육조사방법론 상담심리학	
		1과목 이상 선택하여야 함		

자료: 관계법령 : (개정)평생교육법 시행규칙 [별표 1] (개정 2008.2.18)
비고 1. 양성과정의 과목 명칭이 동일하지 아니하더라도 교과의 내용이 동일하다는 국가평생교육진흥원장의 승인을 받은 경우 동일 과목으로 본다.

평생교육 관련과목 개설 학점은행기관은 국가평생교육진흥원 홈페이지(www.cb.or.kr)에서 학점은행기관 검색하면 알 수 있다.

(개정) 평생교육 관련과목의 유사과목 인정 범위

1.「평생교육 관련과목 유사과목 인정교과목」의 범위에 해당하는 교과목 명칭으로 이수했을 경우 인정

2.「평생교육 관련과목 유사과목 인정교과목」의 범위에 해당하지 않는 경우 : 종전 과목을 이수한 대학 측에서 교과의 내용이 동일하다는 확인서(평생교육사 유사과목 확인서)를 발급받아 강의계획서와 함께 평생교육사 자격증 발급 신청 시 제출하여 국가평생교육진흥원의 유사과목 인정 심의를 통해 인정 여부 결정

평생교육 자격 취득을 위해서 평생교육사를 양성할 수 있는 기관은 평생교육법 제25조에 규정되어 있다. 이에 의하면 교육부장관이 평생교육사의 양성 및 연수를 위하여 대통령령이 정하는 바에 따라 평생교육기관을 평생교육사 양성기관으로 지정할 수 있다. 평생교육법시행령 제21조 (평생교육사 양성기관의 지정)에서는 이를 구체화하여 평생교육사 양성기관을, ① 평생교육법시행령 제21조 규정에 따른 평생교육사 양성기관으로 지정을 받은 평생교육기관, ② 평생교육법 제30조 제2항의 규정에 의한 대학 부설 평생교육원, ③ 공무원 교육훈련법에 의한 공무원 교육훈련기관, ④ 교육공무원법에 의한 연수기관 그리고 ⑤ 특별법 또는 정부 출연기관으로 설립된 연수 및 교육훈련기관등으로 그 대상을 다양화하고 있다.

2018년도에는 각 대학 및 전문대학, 대학원, 학점은행제 학위과정 및 시간제등록으로 학점을 취득하는 다양한 곳에서 평생교육사를 양성하고 있다.

이러한 실상에 대한 긍정적, 부정적 평가가 있을 수 있다. 긍정적 차원에서는 첫째, 평생교육에 대한 사회적 요구가 높아짐을 보여 준다. 평생교육의 실천은 해당 분야의 교육요구에 의해서 계획되고 실행된다는 사실에 근거하여 볼 때, 평생교육이 사회적으로 필요성이 증대됨을 보여 준다. 인간발달의 측면에서 변화하는 인간의 신체적 정신적, 그리고 사회적 특성들은 개개인에게 새로운 가치, 지식, 기능, 기술, 태도, 그리고 적응력을 요구하게 되고, 이러한 변화는 개개인에게 그 상황에 적합한 교육을 요구하게 되는 것이다.

둘째, 평생교육의 실천 분야가 다양하다. 평생교육에 대한 이해와 실천이 어느 분야에서 야기되고 실천되는가를 알아보는 것은 어느 분야에서 평생교육이 필요한가를 말해 주는 것이다. 위의 예와 같이 현재 평생교육은 대학에 설치된 평생교육원과 사회교육원, 중앙 · 지방 평생교육센터, 국가·지방 공무원 연수원, 교원연수원, 그리고 정부출연 연수 및 교육훈련기관에서 실시되고 있다. 즉, 초·중등교육, 다양한 공무원, 일반 사회인, 다양한 직업인들을 대상으로 평생교육이 실시되고 있다는 것이다. 따라서 평생교육이 어느 특정 분야의 사람들만을 대상으로 하는 교육이 아니라 다양한 분야의 사람들에게 필요성이 인식되고 참여하게 하는 다양한 실천 분야가 있음을 보여준다.

셋째, 평생교육제공 기관들이 대학교 위주에서 다양한 기관으로 변화된다. 대학교는 설립목적이 교육이 우선인 기관으로서 사회가 요구하는 능력을 소유한 인적자원을 배출시키는 곳이다. 그러나 교육이 다양한 기관에 의해 실시되는 현상을 보이고 있다. 여러 가지 이유가 있을 수 있으나, 신속하고 경제적인 인적자원 교육과 현장 투입이라는 목적에 부합되어 다양한 기관들이 자체적인 교육을 실시하는 것이다.

다소 우려가 되는 시각에서 평생교육사 양성기관들을 살펴보면 아래와 같다. 첫째, 평생교육사 양성기관의 목적이 순수한 교육이 아니라 이윤추구를 위한 상업성으로 변질될 우려가 있다.

평생교육사 자격증은 교육적 차원의 필요성에 의해서 제정되고 일정한 교육과정 이수가 되면 발행되는 것이다. 그런데 평생교육사 자격증에 대한 수요 가 증대되는 것을 빌미로, 상업적 목적을 가진 각급 기관들이 교육적 가치를 도외시하고 학생들을 모집하여 이익을 얻으려는 방향으로 나아갈 수 있다. 따라서 이러한 우려를 바탕으로, 각각의 교육기관들은 평생교육사의 양성교육이 본 기관에 어떤 의미인지를 지속적으로 평가하고 교육적 목적의 가치가 훼손되지 않도록 경계심을 가져야 한다.

둘째, 평생교육사 양성기관의 과도한 경쟁을 초래할 수 있다. 지속적으로 평생교육사 양성기관이 늘어나게 된다면 교육기관 사이의 과도한 경쟁을 초래할 수 있다. 즉, 교육이 주목적이 아닌, 보다 상업화된 책략과 마케팅 등에 더 치중하여 교육기관 사이에 서로 학생을 유인하려는 불필요한 경쟁을 할 수 있다.

셋째, 평생교육사 자격증의 남발을 야기할 수 있다. 평생교육사 양성기관의 숫자증가는 평생교육사 자격증을 가진 자들의 배출 숫자 증가를 의미한다. 각각의 양성교육기관이 지속적으로 평생교육사를 양성하여 배출하게 될 것이고 결과적으로 적절한 숫자의 평생교육사 배출을 넘어서 과다한 자격증 남발이 될 수 있다. 이렇게 된다면 평생교육사들이 직장을 얻기 위해 불필요한 경쟁을 하게 되는 경우를 초래할 수 있다.

넷째, 평생교육사들의 숫자 증가에 비하여 질적인 저하가 우려된다. 평생교육사 양성기관이 기존의 대학 중심에서 사회 전반적인 기관에 전이됨으로써, 평생교육사 양성에 필요한 인적, 물적 자원의 조달에도 문제점이 발생될 수 있다. 기존의 대학들이 엄선된 교수진과 교육환경에서 평생교육사들을 양성하는 것에 비교하여 다양한 타 기관들은 질적으로 대학수준의 교육환경을 제공하기란 쉽지 않을 것이다. 또한 이윤추구의 상업적 목적 역시 질적인 저하를 초래할 수 있는 또 다른 잠재적 이유가 될 수 있다. 평생교육사 양성기관이 과도하게 늘면서 개개의 기관이 질적으로 우수한 교육기회를 제공하는지에 대한 행정당국의 관리감독 역시 혼선을 빚을 수 있고 이로 인한 상대적 질적 저하가 우려된다.

다섯째, 평생교육 양성기관 개수의 지나친 증가는 평생교육사의 증가를 가져오고, 결과적으로 평생교육사 자격증의 가치가 하락될 우려가 있다. 물론 평생교육사의 희소성의 수준을 숫자의 측면에서만 고려할 바는 아니다. 하지만 지나치게 많은 평생교육사의 배출이 나을 평생교육사 자격증의 가치 하락이 평생교육 분야의 문제로 나타나서는 안 될 것이다.

4. 평생교육사의 배치

평생교육사의 배치에 대하여 평생교육법 제 26조는 '효율적인 평생교육의 실시를 위하여 평생교육 단체 및 평생교육 시설에는 평생교육사를 배치하여야 한다'고 규정하고 있다.

제 26조(평생교육사의 배치 및 채용)

① 평생교육기관에는 제24조제1항에 따른 평생교육사를 배치하여야 한다.

②「유아교육법」,「초·중등교육법」및「고등교육법」에 따른 유치원 및 학교의 장은 평생교육프로그램을 운영함에 있어서 필요한 경우에 평생교육사를 채용할 수 있다.

③ 제20조에 따른 시·도평생교육진흥원, 제20조의2에 따른 장애인평생교육시설 및 제21조에 따른 시·군·구평생학습관에 평생교육사를 배치하여야 한다.

④ 제1항부터 제3항까지의 규정에 따른 평생교육사의 배치대상기관 및 배치기준은 대통령령으로 정한다.

평생교육사 채용 관련 논의가 활발하게 이루어지고 있다. 2013년 10월에 국가평생교육원 주관으로 평생교육사 一石三鳥 세미나『평생교육사 자격제도 정비를 위한 비전과 과제』의 내용에 따르면 한국평생교육 공공성확보를 위한 전문직원의 채용에 발제(공주대학교 양병찬)중에 평생교육사 채용관련 논의 내용을 살펴보면 다음과 같다.

1) 평생교육사 역할 및 직무 개정, 배치 기준 강화

○ 시행령 제17조(직무범위) → 다면적 · 전문적 역할로 개정

○ 시행령 표 1-3 → 직원 정원 대비 평생교육사 배치율로 개정

[표 1-3] 평생교육사 배치대상기관 및 배치기준(제22조관련)

배치대상	배치기준
1. 국가평생교육진흥원 　　시·도평생교육진흥원	· 평생교육사 1급을 포함하여 5명 이상 및 정규직원 10명 이상의 경우 총 정원의 50% 이상 채용
2. 시·군·구평생학습관	· 정규직원 10명 이상: 1급 또는 2급 평생교육사를 총 정원의 50% 이상 채용 · 정규직원 10명 미만: 1급 또는 2급 평생교육사를 총 정원의 30% 이상 채용
3. 법 제30조에서 제38조까지의 규정에 따른 평생교육시설(학력인정 평생교육시설은 제외한다).「학점인정 등에 관한 법률」제3조제1항에 따라 평가인정을 받은 학습과정을 운영하는 교육훈련기관 및 법 제2조 제2호다목의 시설·법인 또는 단체	· 평생교육사 1명 이상 채용

2) 평생교육 전담 공무원 직렬화

○ 저출산 · 고령화 및 지식사회화에 따른 평생교육에 대한 수요 증대의 사회변화에 적극 대응하고 지역주민에 대한 평생교육 활성화 및 전문화를 위한 지방공무원 평생교육 직렬 신설 시급

○ 관련사항: 국가 · 지방공무원법 개정〈'12.12.11 개정, '13.12.12 시행〉과 관련하여 행정안전부는 후속조치로「공무원임용령」등 32개 인사관계법령 개정안 입법예고 중

○ 공무원 직종개편- 인사관리의 효율성과 직종 간 칸막이 해소, 그리고 소수직종 공무원의 사기 제고 등을 위한 추진

- 별정직은 업부 성격에 따라 특정분야를 전문적으로 수행할 필요가 있는 경우는 '전문경력관*'으로, 기존 일반직과 유사 업무를 수행하는 경우에는 해당 직렬로 전환

* 순환전보로 대체할 수 없는 특정 업무분야 담당 / 계급 · 직렬 구분 없음

- 계약직은 전문성이 요구되는 직위에 일정 기간 근무하는 공무원이 필요한 점을 고려하여, 일반직 내에 '임기제공무원*'제도를 신설·전환 예정

* 전문지식 · 기술 등이 요구되는 업무 등을 담당하게 하기 위해 일정기간동안 임기를 정하여 임용하는 공무원

- '임기제공무원'이 되면 사무관·주사 등 일반직과 동일한 직급명칭을 쓰게 되고, 임기 동안 법에서 정한 사유에 해당되지 않는 경우 면직이 불가능해지는 등 신분보장이 강화

- 안행부 추진계획: 각 기관에서 지침에 따라 재직자의 업무성격을 고려하여 11월까지 자체적으로 직종별 · 업무별 전환계획을 수립하면, 직종개편 시행일에 기관별 계획에 따라 기능직 · 별정직이 일반직으로 임용

⇒ 〈**평생교육사 직렬화 추진**〉 세부추진 방향 모색 및 관계자 역할 분담 등 적극적 대응필요(평생교육사 공무원 직렬화 추진위원회, 국가평생교육진흥원, 학계 · 현장 전문가 등)

※ **별정직으로 시작한 사회복지사의 경우 10여년전에 사회복지 직렬로 전환되었으며, 최근 유사 자격증인 직업상담사(노동부 소관)도 직렬화 됨. 또한 청소년기본법 제25조(청소년전담공무원)에는 청소년육성전담기구에 청소년육성전담공무원을 둘 수 있음을 규정하고 있음.**

출처: 국가평생교육원(2013) 평생교육사 一石三鳥 세미나『평생교육사 자격제도 정비를 위한 비전과 과제』

3) 국가직무능력표준(NCS)내에 평생교육 분야 분류 체계화

○ 2013년부터 본격 개발되는 국가직무능력표준(NCS) 내 평생교육분야의 분류체계*(중분류, 소분류, 세분류)수정작업 필요성 대두

○ 고용부의 현 NCS 분류체계는 교육부 검토 및 관계 부처 합의를 통해 완료('12.12)한 결과
- 한국산업인력공단이 국가직무능력표준 개발('13.'14)대상 직무는 아래의 표와 같음. 평생교육분야는 세분류 833개중 7개로 2014년 개발 범위에 포함됨.

〈국가직무능력표준 개발대상 직무 현황〉

대분류	중분류	소분류	세분류	기 개발	개발 불필요	개발계획	
						'13년	'14년
24개	76개	213개	833개	286개	56개	250개	241개

※ 개발단위: 개발과정에서 변경 및 추후보완가능

⇒ 향후 NCS 내 국가직무능력표준 분류체계(중분류-소분류-세분류)의 조속한 수정을 위해 통계청[한국표준직업분류]내 평생교육 관련 직종에 대한 코드 부여 작업의 선행이 필요하다는 입장

○ 평생교육시 NCS 분류(공단의 안)

대분류	중분류	소분류	세분류
04. 교육·자연·사회과학	4. 평생교육	1. 평생교육	01. 음악지도 02. 미술·공예지도 03. 무용지도 04. 놀이지도 05. 정서지도 06. 환경지도 07. 문화재지도

자료 : 고용노동부·한국산업인력공단(2013). 국가직무능력표준 개발 매뉴얼

4) 평생교육사 채용 관련 시설 관리 감독 강화

○ 평생교육시설의 직원 관련 의무 이행조사 시행
 - 평생교육시설의 평생교육사 채용기준 및 재직관련 의무이행 여부를 주기적으로 점검할 수 있는 조사체제 구축
※ **영유아보육법 제19조 · 보육교육직원의 권익보장과 근로여건 개선을 위하여 보육교육직원의 임면과 경력 등에 관한 사항 관리(보육교직원 임면사항을 14일 이내 해당관리기관의 장에게 인사기록카드 사본 첨부하여 보고, 보육교직원 결원 시 1개월 이내 채용)를 규정하고 있음.**

 - 평생교육사 배치현황(시설명단 등)을 자격제도 홈페이지에 공개(학습자 알권리 충족, 미배치 시설의 적극적인 참여 유도)

 ⇒ 법 제5장 및 시행령 제5장 평생교육기관 → 시설인가 · 등록 · 신고를 담당하는 교육감의 사후관리 감독(시설의 의무이행조사 및 보고) 역할 신설

○ 의무배치 미준수 시 행정처분 및 과태료 부과
 ⇒ 법 제42조(행정처분) 제2호 → 평생교육시설 인가 또는 등록 시 기준미달 + 인가 또는 등록 이후 기준미달 추가

 ⇒ 법 제46조(과태료) → 평생교육시설로 인가·등록·신고한 경우 평생교육사 미배치 및 관련자 변경사항 미보고 시 과태료 부과

○ 배치 실효성을 드러낼 수 있는 사례발굴 및 홍보 활동 수행
- 평생교육사 배치의 실효성 확보는 평생교육시설 운영자의 평생교육사의 중요성에 대한 기본적 이해와 자발적인 참여가 중요

- 평생교육사가 영역별 평생교육기관의 미션 수행 및 발전에 기여 한다는 확고한 인식을 심어주고, 자발적으로 평생교육사 채용에 참여할 수 있도록 유도할 수 있는 사례 수집 및 홍보 활동 필요

출처: 국가평생교육원(2013) 평생교육사 −石三鳥 세미나『평생교육사 자격제도 정비를 위한 비전과 과제』

5) 법령 개정 사항

구분	현행	개정안	개정 사유
법	제26조(평생교육사의 배치 및 채용) ①~④ (생략) 〈신 설〉	제26조(평생교육사의 배치 및 채용) ①~④ (생략) ⑤ 제1항 및 제3항에 따른 배치에 대한 행정처분의 세부기준은 별표○과 같다.	– 배치 규정과 관련하여 규정 미준수 시 행정처분에 관한 규정 마련 필요
	〈신 설〉	제○조(평생교육전담 공무원) ① 국가 및 지방자치단체는 국가와 지방자치단체가 추진하는 평생교육사업의 원활한 추진을 위하여 평생교육사 자격을 갖춘 자로 평생교육전담공무원을 배치하여야 한다. ② 평생교육전담공무원은 평생교육사 자격을 가진 사람으로 하며, 그 임용 등에 필요한 사항은 대통령령으로 정한다. ③ 평생교육전담 공무원은 그 관할지역내의 평생교육시설 및 단체에 대하여 필요한 지도·조언·상담 등을 담당한다. ④ 관계행정기관 및 평생교육시설을 설치·운영하는 자는 평생교육전담공무원의 업무수행에 적극 협조하여야 한다.	– 평생교육사의 전문직 공무원화 : 지방직공무원 직렬에 평생교육 직렬 신설과 동시 추진 필요
시행령	〈신 설〉	제○조(평생교육전담공무원 임용) 법 제00조에 의한 평생교육전담공무원은 평생교육사의 자격이 있는 자 중에서 임용하되, 그 임용 등에 관하여는 지방공무원임용령이 정하는 바에 의한다.	

자료 : 국가평생교육진흥원(2013). 평생교육사 一石三鳥 세미나『평생교육사 자격제도 정비를 위한 비전과 과제』P 58

5. 현행 평생교육사 제반 문제점들

1) 양성과정에서 평생교육 현장실습의 전문성 부족

 평생교육사는 1급은 2급 취득 후 평생교육관련업무 5년이상 경력으로 승급 연수 후 평가, 2급은 30학점이수, 3급 21학점이수 평가로 구성되어 있고 평생교육실습현장에서 양질의 현장실습보다는 형식상 160시간 이수로 되어 있다는 점이다.

또한 신규 평생교육사의 질적 저하를 들어 고용거부가 발견된다. 즉 평생교육사가 현장 실무능력이 매우 부족하여 그들을 채용하여 활용하기를 꺼리는 것이다. 보다 내실 있고 전문성을 위한 체계화된 현장실습의 표준화된 실습일지가 필요하다.

2) 평생교육사 양성률 대비 교육현장의 배치률 부족

 평생교육사의 배치에 있어서 평생교육사 자격증을 갖는 자들이 평생교육법 제 26조가 규정하는 바처럼 관련 직업을 갖지 못하고 있다. 현재 평생교육 관련 기관들은 계속적으로 증가하고 있으나 교육현장에서의 평생교육사 고용된 상태는 교육부 한국교육개발원(2017.5기준)의 2017년 평생교육통계자료집에 참조하여보면 공공영역 평생교육사배치현황 15.9%이고 민간영역에서는 초·중등학교부설 0.06%, 대학부설 15.0%, 사업장부설 13.1%, 원격형태 28.4% 시민단체부설 12.3% 언론기관부설 15.2% 지식개발형태 15.9%로 평생교육 관련 기관에 소속 근무하는 것이다.

3) 평생교육사 자격 취득 후 계속교육 규정 미비

 평생교육사 자격 취득을 위한 교육과정은 여러 차례 개정되었으나 현행 평생교육사 자격은 취득 이후 별도의 계속교육이 없이 자격증의 효력이 지속되고 있다. 구법 적용자 및 사회교육전문요원 자격증 취득자도 추가교육 없이 평생교육사로 동일하게 간주되어 변화된 평생교육환경에 적합하지 않다. 평생교육사 계속교육 규정의 부재는 평생교육사로서의 전문가 의식, 책임감, 윤리의식 등과 관련된 가치관 형성, 전문지식 습득을 통한 업무능력 향상 기회부족으로 연결된다. 유사 자격증인 사회복지사 및 보육교사 자격제도는 자격소지자의 전문성을 지속적으로 관리·강화하기 위하여 정기적인 교육이수를 의무화하고 있다.

4) 평생교육사 의무 배치에 대한 법적 효력 미비

 평생교육사 의무배치에 대한 강제성 및 미준수 시의 제재에 대한 법적조항이 없어 평생교육사 배치에 대한 강제성이 없으며, 평생교육사 배치의무화에 대한 법적 효력이 부족하다. 평생교육기관이 평생교육사를 배치하지 않은 경우에도 법적 제재 또는 관리 할 수 있는 대안이 없어 지역 공공분야와 민간분야에 평생교육 정책 및 사업추진을 담당하고 있는 평생교육인력의 고용불안정 즉, 임기제, 계약직으로 인한 업무의 지속성 및 전문성의 한계가 있다. 평생교육사의 의무배치가 구체화 된 법적 강제조항이 만들어지고 급수별 명확한 배치기준이 제시되어야 한다.

제2장
평생교육기관 유형 및 특징

1. 평생교육기관 유형

2. 평생교육기관 현황

3. 평생교육사 현장실습기관

4. 평생교육법상의 평생교육기관

5. 평생교육현장의 관리자사례

제 2 장 평생교육기관 유형 및 특징

평생교육기관 및 시설이란「평생교육법」제2조 제2항에 의하여 인가, 등록 신고 된 시설과 학원 등 다른 법령에 따라 평생교육을 주된 목적으로 하는 시설·법인 또는 단체를 말한다.

1. 평생교육기관의 유형

평생교육 현장실습기관의 유형 분류체계는 표2-1과 같으며,「평생교육법시행령」제69조 제2항에 따라 문자해득교육 프로그램으로 지정받은 기관,「평생교육법」제19조부터 제21조까지의 규정에 해당하는 평생교육기관(평생교육진흥원, 시·도 평생교육진흥원, 시·군·구 평생학습관)을 비롯하여 제2조 제2항에 해당하는 평생교육기관, 지자체 평생학습 추진기구(제5조), 평생학습도시(제15조), 평생교육 관련사업 수행학교(제29조)를 포함한다.

2. 평생교육기관 현황

위 분류에 의한 우리나라 평생교육기관의 유형별 현황을 살펴보면 〈그림2-1〉과 같다. 전체 평생교육기관 수는 2,807개로 2008년 2,620개 대비 187개 증가한 것으로 나타난다. 지식·인력개발 형태의 기관(713개, 25.39%)이 가장 많으며, 원격형태의 기관(674개, 24.01%)이 다음으로 많다.

시설구분		2007년	2008년	2009년
총계		2,221	2,620	2,807
학교부설	유초중등학교 부설	9	12	11
	대학(원)부설	375	378	380
	소계	384	390	391
원격형태		502	611	674
사업장부설	유통업체부설	181	205	239
	산업체부설	26	39	29
	소계	207	244	268
시민사회단체부설		166	244	275
언론기관부설		78	92	107
지식 인력가발형태		570	681	713
평생학습관		314	358	379

[표 2-1] 평생교육기관 유형

기관유형			설립근거	기관소개		평생교육기관 확인방법	비고
제1 유형	3대 평생교육 전담기구	국가평생 교육진 흥원	평생교육법 제19조	평생교육진흥과 관련된 업무를 효율적으로 수행함으로써 국민의 평생교육 활성화에 기여함을 목적으로 설립된 기관		-	-
		시·도 평생교육 진흥원	평생교육법 제20조	시·도지사는 대통령령으로 정하는 바에 따라 시·도평생교육진흥원을 설치 또는 지정·운영할 수 있으며, 해당 지역의 평생교육기회 및 정보의 제공과 평생교육 상담, 평생교육프로그램 운영 등의 업무 수행		-	-
		시·군·구 평생학 습관	평생교육법 제21조	관할 구역 안의 주민을 대상으로 평생교육프로그램 운영과 평생교육 기회를 제공하기 위하여 설치 또는 지정된 기관		지정여부 확인	시·도 교육청 지정
제2 유형	문자해득교육 프로그램 지정기관		평생교육법 시행령 제69조 제2항	교육감은 대통령령으로 정하는 바에 따라 관할 구역 안에 있는 초·중학교에 성인을 위한 문자해득교육 프로그램을 설치·운영하거나, 지방자치단체·법인 등이 운영하는 문자해득교육 프로그램을 지정할 수 있음		-	시·도 교육청 지정
제3 유형	평생학습도시		평생교육법 제15조	지역내 평생학습 주체간 인적, 물적 자원 연계를 통해'지역을 하나의 학습공동체로 구축'하는 인프라 확충을 위해 국가에서 지정된 학습도시		지정여부 확인	-
	국가 및 지자체 평생학습추진기구		평생교육법 제5조	국가 및 지방자치단체는 모든 국민에게 평생교육 기회가 부여될 수 있도록 평생교육진흥정책을 수립·추진하여야 하며, 그 소관에 속하는 단체·시설·사업장 등의 설치자에 대하여 평생교육의 실시를 적극 권장하여야 함.		-	-
	평생교육협의회		평생교육법 제12조	시·도 내 평생교육진흥시행계획을 수립·시행해야 하며 이를 심의하기 위해 둔 시·도지사 소속의 시·도평생교육협의회		설치여부 확인	각 시·도에 등록
			평생교육법 제14조	지역주민을 위한 평생교육의 실시와 관련되는 사업간 조정 및 유관기관 간 협력 증진을 위하여 시·군 및 자치구에 둔 시·군·자치구평생교육협의회		설치여부 확인	각 시·군·자치구 설치
제4 유형	학교의 평생교육 (평생교육 관련사업 수행학교)		평생교육법 제29조	지역과 함께하는 학교 사업	지역과 소통하는 울타리 없는 학교 만들기를 목표로 학교와 지역의 인적·물적 자원을 연계하여 주민에게 다양한 학습기회 제공(2010년 8월 사업 종료)	지정여부 확인	지역 교육청 지정
				대학 평생교육 활성화 지원사업	성인학습자를 대상으로 적합한 교육과정과 체계적 학사관리를 제공할 수 있게 지원·선정된 대학	지정여부 확인	교육부 지정
제5 유형	학교부설 평생교육시설		평생교육법 제30조	초·중등학교 부설 평생교육시설 (평생교육 시범 학교)	학부모와 지역주민을 주된 교육대상으로, 초·중등학교에 평생교육원 설치·운영이 가능하며 전국 15개 시·도교육청에서 평생교육 시범학교를 지정하여 운영함.	지정여부 확인	시·도 교육청 지정
				대학(교) 부설 평생교육시설	대학생 또는 대학생 외의 자를 대상으로 자격취득을 위한 직업교육과정 등 다양한 평생교육과정을 운영하는 기관	보고사항 확인	교육부에 보고
	학교형태의 평생교육시설		평생교육법 제31조	학력 인정	정규 학교교육과 동등한 학력이 인정되는 초, 중, 고등학교/대학형태의 평생교육시설	등록여부 확인	지역교육청 지정
				학력 미인정	일정기준 이하의 요건을 갖춘 경우 학력미인정 평생교육시설로 교육감에 등록가능		지역교육청 등록
	사내대학형태의 평생교육시설		평생교육법 제32조	학교법인 설립 없이 일정기간 사내교육을 이수하면 학력·학위가 인정되는 평생교육차원의 기관		인가여부 확인	교육부 인가

기관유형		설립근거	기관소개		평생교육기관 확인방법	비고
제5 유형	원격대학형태의 평생교육시설	평생교육법 제33조	원격교육형태의 평생교육시설	10인 이상의 불특정 다수인을 대상 으로 학습비를 받고 30시간 이상의 원격교육과정을 실시하는 기관	신고여부 확인	지역 교육청 신고
			원격대학형태의 평생교육시설	특정다수인을 대상으로 학습비가 아닌 사용료, 수수료 및 통신료만 받는 경우	비신고 대상 여부 확인	신고 없이 운영 가능
	사업장부설 평생교육시설	평생교육법 제34조	사업장에서 고객을 대상으로 설치·운영하는 평생교육시설		신고여부 확인	지역 교육청 신고
	시민사회단체부설 평생교육시설	평생교육법 제36조	시민사회단체가 소속 회원 외에 일반시민을 대상으로 설치· 운영하는 평생교육시설		신고여부 확인	지역 교육청 신고
	언론기관부설 평생교육시설	평생교육법 제37조	일간신문·통신·주산신문 또는 월간잡지인 정기간행물을 발간하는 기관과 방송을 행하는 법인의 부설 평생교육기관		신고여부 확인	지역 교육청 신고
	지식·인력개발관련 평생교육시설	평생교육법 제38조	지식정보의 제공과 교육훈련을 통한 인력개발을 주된 내용 으로 하는 지식·인력개발사업 기관		신고여부 확인	지역 교육청 신고
제6 유형	평생직업교육학원	학원의 설립· 운영 및 과외교습에 관한 법률	학교교과교습학원 외에 평생교육이나 직업교육을 목적으 로 하는 학원		기관의 설립·운영 등록증 등으로 기관소재 지역교 육청에 평생직업교육학 원으로 등록 여 부 확인	지역 교육청 등록/ 학교교과교습 학원제외
제7유 형	기관형 교육기관	주민자치 기관	행정자치법령	주민 편의 및 복리 증진을 도모하고 지역공동체 형성에 기 여하고자 설치된 시설로서, 교육·체육·문화·예술의 진 흥 등에 관한 사무를 포함함. 시·군·구민회관, 주민자치센터 등	해당 법령에 근거 한 기관 설치 확인 및 운영조례 등 을 통해 평생교육관련 사 업 수행 여부를 확인	–
		문화시설 기관	도서관법	도서관자료를 수집·정리·분석·보존하여 공중에게 제공함 으로써 정보이용·조사·연구·학습·교양·평생교육 등에 이 바지하는 시설		시·군·구 평생학습 관으로 지정되지 않 은 기관
			박물관 및 미술관진흥법	국립박물관(미술관), 공립박물관(미술관), 사립박물관(미술 관), 대학박물관(미술관)이 해당됨.		–
			지방문화원 진흥법	지방문화원 등 지역문화의 진흥을 위한 지역문화사업을 수 행하기 위하여 이 법에 따라 설립된 법인으로 사업수행내용 중 지역문화에 관한 사회교육 활동을 포함함.		–
			문화예술 진흥법 시행령 [별 표 1]	문화의 집 등 지역문화복지시설 중 하나로 지역주민이 생활 권역에서 문화예술을 이해하고 체험하며 직접 참여할 수 있 도록 하기 위한 것으로서 관련 프로그램과 지식 및 정보를 제공하는 복합문화공간		–
			문화예술교육 지원법	「문화예술진흥법」에 따른 문화시설, 「청소년활동진흥법」 청소년활동시설, 「평생교육법」에 따른 평생교육시설 중 문화예술교육을 실시하는 시설 또는 문화예술교육을 주된 기능의 하나로 실시하는 법인 또는 단체		–
		아동 관 련 시설	아동복지법	국가 또는 지방자치단체는 아동복지시설 설치가 가능하며, 국가 또는 지방자치단체외의 자는 관할 시·군·구에 신고하 고 아동복지시설을 설치할 수 있음. 아동직업훈련시설, 아동복지관, 지역아동(정보)센터 등		시·군·구에 신고

기관유형			설립근거	기관소개	평생교육기관 확인방법	비고
제7 유형	기관형 교육기관	여성 관련 시설	여성발전 기본법	국가와 지방자치단체가 설치·운영하는 여성의 권익과 복지를 증진하고 여성을 교육하기 위한 여성관련 시설 여성인력개발센터, 여성발전센터, 여성(복지, 문화)회관 등		시·군·구 설치 또는 시·도 지정
		청소년 관련 시설	청소년기본법 청소년활동진흥법	국가 및 지방자치단체는 청소년시설을 설치·운영하여야 하며, 국가 및 지방자치단체외의 자는 따로 법률이 정하는 바에 의하여 청소년시설을 설치·운영할 수 있음. 청소년지원센터, 청소년육성전담기구, 청소년수련시설, 청소년문화의집 등	–	–
		노인 관련 시설	노인복지법	노인교실 등 노인들에 대하여 사회활동 참여욕구를 충족시키기 위하여 건전한 취미생활·노인건강유지·소득보장 기타 일상생활과 관련한 학습프로그램을 제공함을 목적으로 하는 시설	–	시·군·구에 신고
				노인의 교양·취미생활 및 사회참여활동 등에 대한 각종 정보와 서비스를 제공하고, 건강증진 및 질병예방과 소득보장·재가복지, 그 밖에 노인의 복지증진에 필요한 서비스를 제공함을 목적으로 하는 시설 노인복지(회)관	–	
		장애인 관련 시설	장애인복지법	장애유형별 생활시설, 장애인복지관	–	국가 및 지자체 설치
		다문화 가족 관련 시설	다문화가족지원법	여성가족부장관이 특별시장·광역시장·도지사 또는 특별자치도지사에게 위임하여 지정된 다문화 가족지원센터는 전문 인력을 두어 다문화가족을 위한 교육·상담 등의 사업을 실시할 수 있음. 다문화가족지원센터	–	시·도 지정
		사회복지 관련 시설	사회복지사업법	종합사회복지관 등 지역사회를 기반으로 일정한 시설과 전문인력을 갖추고 지역주민의 참여와 협력을 통하여 지역사회복지문제를 예방하고 해결하기 위하여 종합적인 복지서비스를 제공하는 시설	–	–
제8유형	훈련·연수형 교육기관	직업훈련 기관	근로자직업능력개발법	공공직업훈련시설 등 국가·지방자치단체 및 대통령령으로 정하는 공공단체가 직업능력개발훈련을 위하여 설치한 시설로서 제27조에 따라 노동부장관과 협의하거나 노동부장관의 승인을 받아 설치한 시설	근로자직업능력개발법에 근거한 직업능력개발훈련 시설 여부를 확인	노동부장관 협의·승인
				직업능력개발훈련을 위하여 설립·설치된 직업훈련원·직업전문학교 등의 시설로서 제28조에 따라 노동부장관이 지정한 시설	직업능력개발훈련시설로 지정 여부를 확인	노동부 장관 지정
		연수기관	공무원교육훈련법	공무원연수기관(중앙공무원교육원, 감사교육원, 자치인력개발원, 국세공무원교육원, 중앙소방학교, 건설교통인재개발원, 통계교육원, 중앙경찰학교, 경찰대학, 법무연수원, 정보통신공무원교육원, 교육인적자원연수원, 국제지식재산연수원, 철도인력개발원, 농업연수원, 전자정부지원센터 정보화교육과, 외교안보연구원 교수부, 국립중앙도서관 사서능력발전과, 병무청 교육담당관실, 국립산림과 학원 임업연수부, 국립수산과학원 연수부, 국립환경연구원 환경연수부, 기상청 기상교육과, 한국농업전문학교 기술연수과, 국회사무처 연수국, 비상기획위원회 비상관리국 등)	공무원교육훈련법에 의해 설립된 공무원연수기관 여부를 확인	–
			각 법령	평생교육법이 아닌 타 법령에 근거하여 설립된 기업체, 금융투자업 등의 일반 연수기관(인력개발원, 인재개발원, 교육원 등)	평생교육법이 아닌 다른 법령상의 근거로 설치되었는지 여부를 확인 후 평생교육관련 사업 수행 여부 확인	지식·인력개발 관련 평생교육 시설로 신고되지 않은 기관

기관유형			설립근거	기관소개	평생교육기관 확인방법	비고
제9 유형	시민사회 단체형 교육기관	비영리 민간단체	비영리민간단체 지원법	영리가 아닌 공익활동 위주의 평생교육을 주된 목적으로 하는 민간단체 평생교육실천협의회, 전국문해·성인기초교육협의회, 한국평생교육학회 등	비영리민간단체 등록증 등을 통해 평생교육관련 사업 수행 여부를 확인	각 시·도에 등록
		비영리 사(재)단 법인	사(재)단법인	평생교육을 주된 목적으로 하는 비영리 사(재)단법인 한국평생교육총연합회, 한국평생교육사협회, 한국문해교육협회 등		-
		청소 년 관련 단체	청소년기본법/ 사(재)단법인	청소년활동, 청소년복지 또는 청소년보호를 주요사업으로 하는 단체 한국청소년연맹, 청소년단체협의회 등		-
		여성 관 련 단체	여성발전기 본법/ 사(재)단법인	남녀평등의 촉진, 여성의 사회참여 확대 및 복지 증진을 주된 목적으로 설립된 법인 또는 대통령령으로 정하는 단체, 여성회, 여성단체협의회 등	법인설립허가서 및 정관 등의 내용을 통해 평생 교육관련 사업 수행 여부 를 확인	-
		노인 관 련 단체	노인복지법/ 사(재)단법인	노인의 사회참여 확대를 위하여 노인의 지역봉사 활동기회를 넓히고 노인에게 적합한 직종의 개발과 그 보급을 위한 시책을 강구하며 근로 능력 있는 노인에게 일할 기회를 제공함을 목적으로 하는 기관 대한노인회, 전국노인평생교육, 단체연합회 등		-
		시민단체	사(재)단법인	경제, 노동, 인권, 환경, 교육, 소비자, 여성, 평화 등 다양한 사회 영역에 걸쳐 활동하고 있는 시민성함양단체 NGO, YMCA, YWCA 환경운동연합 등		-
		기 타	사(재)단법인	기타 평생교육법 상이 아닌 타 법령상에 근거하여 평생교육을 주된 목적으로 하는 단체		-

※ 자료: 평생교육 현장실습 가능기관 유형별 분류(2013.2), 국가평생교육진흥원

3. 평생교육사 현장실습 기관

1) 청소년교육관련 시설

「청소년기본법, 청소년활동진흥법」에 의거하여 '국가 및 지방자치단체는 청소년시설을 설치·운영하여야 하며, 국가 및 지방자치단체 외의 자는 따로 법률이 정하는 바에 의하여 청소년시설을 설치·운영'할 수 있다. 청소년관련 평생교육시설에는 청소년지원센터, 청소년육성전담기구, 청소년수련시설, 청소년문화의집 등이 포함된다. 주 교육대상은 청소년이며, 수련·교류·문화활동 등 청소년활동교육과 여가 및 취미 교육을 실시하고 있다.

2016년 12월 우리나라의 청소년수련시설은 799개소가 있다. 청소년수련시설을 종류별로 나누어 보면 청소년수련관 185개소, 청소년문화의집 248개소이며, 청소년수련원 191개소와 청소년야영장 45개소이고, 유스호스텔 120개소, 청소년특화시설이 10개소이다.

[표 2-2] 청소년수련시설 전체 현황

구분	총계	청소년 수련관	청소년 문화의집	청소년 수련원	청소년 야영장	유스호스텔	청소년 특화시설
계	799	185	248	191	45	120	10
공공	537	183	243	62	19	20	10
민간	262	2	5	129	26	100	0

※ 자료: 청소년수련시설현황(2016.12.31.기준), 여성가족부

2) 여성관련시설

「여성발전기본법」에 근거한 여성평생교육을 전담하는 평생교육기관의 대표적인 형태로는 근로여성을 대상으로 하는 여성인력개발센터와 일반여성을 대상으로 하는 여성발전센터가 있다. 여성인력개발센터는 여성의 직업능력개발 및 취업알선을 통해 여성 취업난 해소에 기여하고 여성의 능력개발과 사회·경제적 지위의 향상 기회를 제공하기 위한 전문적인 여성직업훈련기관이다. 창업과정, 취업교육과정, 자격취득과정, 취미/교양과정 등의 프로그램이 운영되고 있다. 여성의 능력개발 및 건전한 사회참여를 유도하기 위한 여성발전센터에는 직업교육, 생활문화교실, 취업 및 부업 상담활동 등 여성의 사회활동을 돕고 직업능력을 향상시키기 위한 다양한 사업을 실시하고 있다.

3) 노인교육시설

「노인복지법」에 근거한 노인관련 교육기관은 노인교육만을 목적으로 운영되는 노인교실과 노인교육만을 목적으로 하는 기관은 아니지만 노인에게 실질적 교육기회를 제공하는 기능을 가진 노인복지(회)관으로 이루어져 있다.

노인교실은 노인들에 대하여 사회활동 참여요구를 충족시키기 위하여 건전한 취미활동, 노인건강 유지, 소득보장, 기타 일상생활과 관련한 학습 프로그램 제공을 목적으로 하고 있는 시설로서 60세 이상인 자를 그 대상으로 한다. 노인교실의 운영주체는 대한노인회 등의 노인단체, 종교단체, 정부 및 민간단체 등으로 나눌 수 있다.

노인복지(회)관은 노인의 교양·취미생활 및 사회참여활동 등에 대한 각종 정보와 서비스를 제공하고, 건강증진 및 질병예방과 소득보장·재가복지, 그 밖에 노인의 복지증진에 필요한 서비스를 제공함을 목적으로 하는 시설로서 취미 또는 기능교실 등의 평생교육 프로그램의 비중이 점차 늘어나고 있다.

4) 문화관련시설

문화관광부의 문화공간분류표에 따르면, 문화시설은 크게 공연시설, 전시시설, 도서시설, 지역문화 복지시설, 문화보급 전수시설 등으로 나뉜다. 이 가운데 국민의 삶의 질 향상과 교육기회 확대를 위하여 문화시설의 특징을 살린 다양한 평생교육 프로그램을 진행하는 문화시설로는 도서관과 박물관, 그리고 미술관이 있다.

「도서관법」에 의한 도서관은 국립중앙도서관과 지역대표도서관, 공공도서관, 대학도서관, 학교도서관, 전문도서관으로 구분되며, 일반 지역주민을 대상으로 하는 문화, 교양, 취미 중심의 평생교육 프로그램을 진행하고 있다. 특히, 평생교육법 시행 이후 많은 공공도서관이 평생학습관으로 지정되어 해당 지역의 평생학습의 중심으로서 기능을 하고 있다. 현재 우리나라의 도서관 현황은 [표 2-3]과 같다.

[표 2-3] 도서관 현황

국가 도서관	공공 도서관	작은 도서관	장애인 도서관	교도소 도서관	병영 도서관	대학 도서관	학교 도서관	전문 도서관	계
3	978	5595	42	51	1888	458	11495	602	21,112

※ 자료: 한국도서관협회, 2016 한국도서관연감(2016년), p65.

「박물관 및 미술관 진흥법」에 근거한 박물관과 미술관은 문화·예술의 발전과 일반 공중의 문화

향유 증진을 위해 관련 자료를 수집·관리·보존·조사·연구·전시·교육하는 시설을 말한다. 예를 들어 국립중앙박물관의 경우, 일반시민은 물론 외국인을 대상으로 우리의 전통문화예술과 역사에 대한 올바른 이해, 감상의 기회를 제공하기 위하여 문화교양과정을 진행한다. 주요 프로그램으로는 자녀와 부모를 대상으로 하는 가족 어린이 프로그램, 성인을 대상으로 하는 명사특강, 전통염색교실 등의 성인 프로그램, 외국인 노동자 프로그램, 자원봉사자교육, 시각·청각장애 어린이를 대상으로 하는 장애어린이 교육 프로그램 등이 운영되고 있다.

5) 아동관련 시설

「아동복지법」에 근거하는 아동관련시설 중 평생교육과 관련된 시설은 아동직업훈련시설, 아동복지관, 지역아동(정보)센터 등이 해당되며, 각 시설의 자세한 사항은 다음과 같다.

아동직업훈련시설은 아동복지시설에 입소되어 있는 만15세 이상의 아동과 생활이 어려운 가정의 아동에 한하여 자활에 필요한 지식과 기능을 습득시키는 것을 목적으로 하는 시설이다.

아동복지관은 지역사회 아동의 건전육성을 위하여 심신의 건강유지와 복지증진에 필요한 서비스를 제공하는 것을 목적으로 하며, 상담지도, 정서발달, 인지발달을 위한 교육 프로그램 등을 운영한다.

지역아동(정보)센터는 지역사회 아동의 보호·교육, 건전한 놀이와 오락의 제공, 보호자와 지역사회의 연계 등 아동의 건전육성을 위하여 종합적인 아동복지서비스를 제공하며, 학습, 숙제지도, 생활, 위생지도, 예체능교육 등의 교육 프로그램을 운영한다.

6) 시민단체형 교육기관

시민사회단체 형태의 평생교육기관은 영리를 목적으로 한 기관이 아니며, 기관의 설립이념이 대부분 정의사회 실현과 시민의식 고취 등으로 정의되어 있다. 우리 사회에서의 시민사회단체라고 하면 일반 시민들이 다가가기 어렵고 실제 상황과 동떨어진 너무 이상주의적 집단으로 여기기도 하지만, 학습자들이 부담 없이 참여할 수 있는 프로그램을 개설함으로써 단체에 대한 이미지 제고에도 긍정적인 역할을 하고 있다. 기관의 유형은 크게 「비영리민간단체지원법」에 근거한 비영리민간단체, 사(재)단법인의 비영리 사(재)단법인, 「청소년기본법, 사(재)단법인」에 근거한 청소년 관련 단체, 「여성발전기본법, 사(재)단법인」에 근거한 여성 관련 단체, 「노인복지법, 사(재)단법인」에 근거한 노인 관련 단체, 사(재)단법인의 시민단체와 기타로 구분되어 진다.

시민사회단체 평생교육기관의 대표적 프로그램 동향을 보면 시민사회 의식교육과 교양·문화교육 프로그램이며, 대체적으로 기관의 설립취지에 맞는 프로그램을 운영하고 있다. 또한, 비슷한 상황의 학습자들로 구성되어 있어서 서로를 이해하는 폭이 넓고, 강사들과 학습자, 학습자와 학습자, 재학생과 졸업생 간의 인간적인 교류가 활발하여, 공동체의식의 발달로 프로그램에 대한 만족도가 높다.

4. 평생교육법상의 평생교육기관

[표 2-4] 평생교육법상의 평생교육기관 유형

기관유형		예시
3대 평생교육 전담기구	평생교육진흥원	국가평생교육진흥원
	시·도 평생교육 진흥원	강원도평생교육진흥원, 대구평생교육진흥원, 전라남도평생교육진흥원, 서울특별시평생교육진흥원, 부산평생교육진흥원, 인천평생교육진흥원, 광주평생교육진흥원, 대전평생교육진흥원, 울산평생교육진흥원, 경기도평생교육진흥원, 충청북도평생교육진흥원, 충남평생교육진흥원, 경북평생교육진흥원, 제주특별자치도평생교육진흥원
	시·군·구 평생학습관	평생학습관, 공공도서관, 문화원, 연수원·수련원, 박물관, 복지관 등 (교육청으로부터 일정 기간 지정받은 기관)
문자해득교육프로그램 지정기관		문자해득교육프로그램 설치 · 지정 기관(11년 지정 시작)
평생학습도시		시·군·구 평생학습센터 또는 평생교육 전담부서 등
국가 및 지자체 평생학습추진기구		광역시도청/시·군구청/시도교육청/지역교육청 내 평생학습센터 또는 평생교육 업무담당 부서 등
평생교육협의회		시·도평생교육협의회, 시·군·구평생교육협의회
평생교육 관련사업 수행학교		대학평생교육활성화사업, 학교평생교육사업(지역과 함께하는 학교사업, 방과후학교 사업 등) 수행
평생교육시설 신고·인가 기관		유초중등 학교부설/ 학교형태/ 사내대학형태/ 원격대학형태/ 사업장부설/ 시민사회단체부설/ 언론기관부설/ 지식·인력개발 관련 평생교육시설

※ 자료: 평생교육 현장실습 가능기관 유형별 분류(2013. 2), 국가평생교육진흥원

1) 3대 평생교육 전담기구

(1) 국가평생교육진흥원

평생교육진흥원은「평생교육법」제19조에 따른 평생교육진흥과 관련한 업무를 효율적으로 수행함으로써 국민의 평생교육 활성화에 기여함을 목적으로 설립된 국가단위의 평생교육전담 집행기관이다.

국가평생교육진흥원의 11대 기능은 다음과 같다.
 - 평생교육진흥을 위한 지원 및 조사 업무
 - 평생교육진흥위원회가 심의하는 기본계획 수립의 지원
 - 평생교육 프로그램 개발의 지원
 - 평생교육사를 포함한 평생교육 종사자의 양성·연수
 - 평생교육기관간 연계체제의 구축
 - 시·도 평생교육진흥원에 대한 지원
 - 평생교육 종합정보시스템 구축·운영
 -「학점인정 등에 관한 법률」및「독학에 의한 학위취득에 관한 법률」에 따른 학점 또는 학력인
   정에 관한 사항
 - 학습계좌의 통합 관리 ·운영 등
 - 문해교육의 관리·운영에 관한 사항
 - 법령에 따라 위탁받은 업무

(2) 시·도 평생교육진흥원

 시·도 평생교육진흥원은「평생교육법」제20조항 지방자치단체의 조례에 근거한 광역 시·도 단
위의 평생교육사업기관이다. 기존 지정·운영되었던 지역평생교육정보센터(광역시·도)의 확대·
개편 방안 등을 통해 시·도 평생교육의 지원역량을 강화 및 업무의 확대, 광역단위 평생교육 참
여 확대, 기관 네트워킹 강화 등을 그 목적으로 한다.

 시·도 평생교육진흥원의 주요 업무를 살펴보면 다음과 같다.
 - 해당지역의 평생교육 기회 및 정보의 제공
 - 평생교육 상담
 - 평생교육 프로그램 운영
 - 해당지역의 평생교육기관 간 연계체제 구축
 - 기타 평생교육진흥을 위한 업무

(3) 시·군·구 평생학습관

 시·군·구 평생학습관은「평생교육법」제21조와 지방자치단체의 조례에 근거하여 지역주민을 대
상으로 평생교육 프로그램 운영과 평생교육에 대한 정보수집 기능을 위해 지정된 기초자치단체
차원의 평생교육사업기관이다.
 시·군·구나 읍·면·동 단위에 설치된 평생학습관은 도서관, 시·군·구민회관, 문화원 등 기존의
평생교육시설을 활용하여 운영되고 있으며, 그 밖에 대학, 문화원, 주민자치센터, 초·중등학교,
학생회관 등의 기관들이 지정되어 있다.
 시·군·구 평생학습관은 중앙 차원의 평생교육진흥원, 시·도 차원의 시·도 평생교육 진흥원과

연계하여 주민대상의 평생교육 계획수립, 정보제공·상담 및 네트워크를 추진하고, 주요 평생교육 프로그램 운영과 평생교육 기회를 제공하는 업무를 담당한다.

2) 문자해득교육 프로그램 지정기관

문자해득교육이란 일상생활을 영위하는 데 필요한 기초능력이 부족하여 가정·사회 및 직업생활에 불편을 느끼는 자들을 대상으로 문해력을 갖출 수 있도록 하는 조직화된 교육 프로그램을 말한다. 성인을 위한 '한글교실'등 문자 습득을 위한 교육을 비롯하여 초등학교 및 중학교 수준의 학력을 취득하기 위한 교육도 문해교육의 범주에 포함된다.

평생교육법상 문자해득교육은 저학력 성인 및 국제결혼여성, 외국인근로자, 새터민 등 신교육소외계층을 대상으로 하며, 교육감은「평생교육법」제39조 제2항에 따라 성인을 위한 문자해득교육 프로그램을 초·중학교에 설치·운영하거나, 지방자치단체·법인 등이 운영하는 프로그램을 지정할 수 있다.

「평생교육법 시행령」제68조 제2항(개정 2014.6.30.)에 따라 지정 가능한 문자해득교육 프로그램은 다음과 같다.
- 국가·지방자치단체 또는 그 소속 기관(중앙부처 산하 연수기관, 구청 직영 평생학습센터 및 사회복지관, 주민자치센터 등)이 운영하는 문자해득교육 프로그램
- 평생교육기관(「평생교육법」제2조 제2항 및 제2장)에서 운영하는 문자해득교육 프로그램
- 문자해득교육을 주된 목적으로 하는 비영리 시설, 법인 또는 단체 등에서 운영하는 문자해득교육 프로그램
- 그 밖에 교육감이 정하는 문자해득교육 프로그램

3) 평생학습도시

평생학습도시는 기초자치단체장을 중심으로 해당지역의 평생학습 기반 구축을 통해, 지역사회의 평생교육 활성화를 위하여 시·군 및 자치구를 대상으로 지정된 도시이다. 개인의 자아실현, 사회적 통합 증진, 경제적 경쟁력을 높이어 궁극적으로 개인의 삶의 질과 도시 전체의 경쟁력을 향상시킬 수 있도록 언제, 어디서, 누구나 원하는 학습을 즐길 수 있는 학습공동체 건설을 도모하는 총체적 도시재구조화 운동이다.
평생학습도시는 지역사회의 모든 교육자원을 기관 간, 지역사회 간, 국가 간 연계시킴으로써 지역인재 육성과 주민고용능력개발 등의 네트워킹 학습공동체를 형성하며, 2017년 현재 전국 153개 도시가 지정되어 평생교육 활성화를 위하여 지원되고 있다.

[표 2-5] 평생학습도시 조성 현황(153개 시·군·구)

광역	평생학습도시	기초자치단체	지정연도[1]													
			'01	'02	'03	'04	'05	'06	'07	'11	'12	'13	'14	'15	'16	'17
서울	15	25	–	–	–	관악구	성북구 양천구	영등포구	강동구 강서구 마포구	–	은평구	강남구 금천구 노원구 도봉구 서대문구 송파구	–	–	용산구	–
부산	13	16	–	해운대구	–	–	–	연제구	사상구	영도구	부산진구	금정구 남구 사하구 서구	기장군	–	동구	북구 중구
대구	4	8	–	–	–	달서구 동구	–	–	수성구	–	북구	–	–	–	–
인천	6	10	–	–	연수구	–	부평구	남구	–	남동구	–	–	서구	–	–	계양
광주	5	5	–	–	–	–	남구	광산구 동구	–	북구	–	–	–	서구	–	–
대전	4	5	유성구	–	–	–	–	–	대덕구	–	동구	서구	–	–	–	–
울산	4	5	–	–	–	–	–	울주군	중구	–	북구	–	–	–	동구	–
경기	26	31	광명시	부천시	–	이천시	구리시 수원시	시흥시 안산시 용인시 평택시	과천시 안양시	남양주시	포천시	가평군 군포시 김포시 성남시 양주시 의왕시 의정부시 화성시	고양시 양평군 연천군	오산시	–	여주
강원	10	18	–	–	–	–	–	삼척시 화천군	강릉시 횡성군	–	동해시	인제군 평창군	홍천군	철원군	영월군	–
충북	8	11	–	–	–	청주시	단양군 제천시	진천군	–	–	–	옥천군 음성군	증평군	충주시	–	–
충남	12	15	–	–	–	금산군	부여군	서산시 아산시 태안군	서천군 천안시	–	당진시	홍성군	예산군	논산시	공주시	–
전북	9	14	진안군	–	–	전주시	익산시	김제시 남원시 정읍시	군산시	완주군	–	–	–	–	–	부안
전남	12	22	–	–	순천시	목포시[2] (신안· 무안)	–	곡성군 광양시 여수시	강진군 영암군	–	–	–	담양군	화순군	고흥군	영광 완도
경북	10	23	–	–	안동시	칠곡군	–	–	경산시 구미시	–	포항시	경주시 영주시	청도군	김천시	–	의성
경남	13	18	–	–	거창군	창원시	김해시 남해군	양산시 하동군	진주시 통영시	–	–	창녕군	합천군	–	함안군	밀양 산청
제주	2	0[3]	–	제주시	서귀포시	–	–	–	–	–	–	–	–	–	–	–
계	153	228	3	3	5	8	14	24	19	6	8	28	11	7	7	10

※ 목포시(신안, 무안)는 하나의 평생학습도시 지정되어 1개로 계산
※ '08~'10년에는 신규 평생학습도시 지정이 이루어지지 않음
※ 제주특별자치도는 2006년 기초자치제도를 폐지하여 시군구수를 0으로 처리
※ 자료: [보도자료]2017년 지역 평생교육 활성화 지원 사업 대상 선정, 국가평생교육진흥원

5. 평생교육현장 관리자 사례

평생교육현장 관리자에 대한 이해를 돕고자 경기평생교육학습관의 예를 살펴보자. 경기평생교육학습관은 경기도 수원시 권선구에 소재하고 있으며, 전 주민을 대상으로 평생교육을 활발히 실시하고 있는 기관이다. 본 기관의 조직도를 보면, 인력 구성을 알 수 있다. 예비평생교육사가 경기평생교육학습관에서 평생교육실습을 하게 된다면, 조직도에 게시된 구성원들을 만나게 되고, 그들과의 상호작용을 경험하게 될 것이다.   경기평생교육학습관은 하나의 실제 예로서 우리에게 평생교육 관리자가 누구인지, 그들은 어떠한 업무를 담당하는지를 구체적으로 보여 주는 좋은 예가 된다. 예비 평생교육사는 향후 어느 평생교육기관에서 실습을 하게 되더라도 이에 준하는 조직을 갖춘 기관에서 실습을 경험하게 될 것이므로 조직도를 통해 구성원을 파악해 보는 것도 좋은 사전경험이 될 것이다.

경기평생학습관은 관장 아래 학습관운영위원회를 두고, 그 아래 세 개의 부서로서 총무부, 평생교육부, 그리고 기획정보부를 두고 있다. 위 기관은 업무의 특성별로 부서를 분리하여 전문 역할만을 담당하도록 하는데, 총무부는 예산업무, 인사업무, 설비관리 및 교육을 담당한다. 기획정보부는 사서과와 정보과로 분류하여 세분화된 업무를 담당한다. 평생교육부는 각 업무 분야별로 평생교육 프로그램 기획 및 운영, 학습관 운영, 성인, 노인, 어린이, 청소년 대상프로그램 운영, 강사관리, 자원봉사자 관리, 평생교육관계자 연수, 각종 특강과 체험교실 등을 담당한다. 이들의 역할과 임무는 다르지만 평생교육기관을 관리의 측면에서 지원하고 운영하는 세부적인 임무들을 보여 주고 있으며, 예비 평생교육사들은 향후 이들을 통해 세부적인 내용들을 실습하게 될 것이다.

사례: 경기평생교육학습관의 관리자

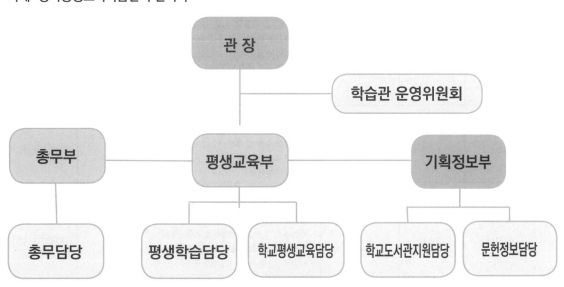

[그림 2-2] 경기평생교육학습관 조직도

[표 2-6] 직원 현황

구분	관장	부장	교육전문직		일반직																합계
					5급		6급					7급					8·9급				
	3급	4급	교육연구관	교육연구사	행정	사서	행정	사무운영	사서	전산	시설관리	행정	사무운영	사서	전산	공업	행정	사서	공업	시설관리	
정원	1	3	1	1	2	2	2	0	4	1	1	8	6	9	2	1	4	5	0	2	55
현원	1	3	1	1	2	2	2	1	4	1	1	6	5	10	2	1	6	2	0	2	54

[표 2-7] 업무분장

부서	직	성명	담당업무	전화번호
관장실	관장	권0섭	- 학습관 업무 총괄	031)259-1000
관장실	주무관	이0숙	- 부속실 업무 - 주간업무 및 월중행사계획 작성	031)259-1005
총무부	총무부장	이0남	- 총무부 업무 총괄	031)259-1001
총무부	담당사무관	류0경	- 총무담당 업무 총괄	031)259-1010
총무부	주무관	민0수	- 주요업무계획 수립 및 추진 - 인사관리(비정규직 포함) ·근무평점, 근무부서 지정, 정원관리, 휴·복직자 관리 등 - 상훈 및 포상 - 각종 행사 및 월례회의 추진 - 각종 규정 정비	031)259-1011
총무부	주무관	최0정	- 예·결산 업무 - 감사관련 업무(국감, 행감, 종합감사 등) - 성과관리(기관평가 포함) - 소통과 협업업무 추진 - 정기승급 및 호봉제확정 - 의회 관련 업무 - 관인관리 - 사무인계인수	031)259-1013
총무부	주무관	강0희	- 각종 계약 업무(물품, 시설, 용역 등) - 공유재산 관리 및 사용·수익 허가 - 수의계약 내역 공개 - 교육훈련 계획 수립 및 관리 - 공직자재산 등록 - 독도전시관 관리	031)259-1015
총무부	주무관	이0언	- 일상경비 총괄 관리 - 일반지출 업무(강사료 포함) - 청렴계획 수립 및 추진 관련 업무 - 부가가치세 신고 및 신용카드 관리 ·지출 - 업무추진비 관리 - 공용차량 관리	031)259-1012
총무부	주무관	안0혁	- 보안업무(을지연습 포함) - 물품관리 및 재물조사 - 수입금 및 민원업무(행정정보공개 포함) - 시설물 용역관리(정수기, 공기질측정, 실내·카펫·비데 소독) - 사회복무요원 관리- 시설만족도 조사 - 공문서 관리- 과총무(각과 자료 취합 및 업무협조 등)	031)259-1020
총무부	주무관	김0숙	- 급여관리(연말정산, 성과급 등) - 교육통계 업무 - 세입세출외 현금관리- 맞춤형복지 업무 - 여비, 특근매식비 지출- 제증명 및 공무원증 발급 - 총무부 복무 및 주간, 월중계획 취합	031)259-1022

부서	직	성명	담당업무	전화번호
총무부	주무관	최O인	- 재난·안전관리 - 전기시설 관리(에너지 절감) - 방송장비 CCTV 설비 관리 - 소방·방재설비 관리 - 시설물관리 계획 수립 - 시설관련 공사(하자관리 포함) - 어린이놀이시설 점검	031)259-1017
총무부	주무관	오O환	- 청사관리 및 용역관리 - 승강기 관리 - 청사용품 관리 - 관용차량 운행 및 관리	031)259-1026
총무부	주무관	이O순	- 청사 내외 조경시설 관리 - 청소일일점검표 작성 - 각종 안전시설물 관리 - 청사 시설 유지보수 관리	031)259-1031
총무부	주무관	김O태	- 냉난방 시설관리 - 공조기 설비 운영 관리 - 청사시설 유지 보수 관리	031)259-1031
총무부	사회복무요원	김O래	- 중앙제어실 및 행복뜰 근무 - 청사 관리 업무 보조	031)259-1031
평생교육부	평생교육부장	이O범	- 평생교육부 업무 총괄	031)259-1003
평생교육부	담당사무관	강O하	- 평생학습담당 업무 총괄	031)259-1050
평생교육부	주무관	윤O희	- 평생학습담당 주요업무계획 수립 - 평생학습담당 예산편성 및 관리 - 경기도교육감 지정 대표 평생학습관 운영 · 평생학습관 성과분석 및 사례집 발간 · 평생학습관 현장점검 · 평생학습관 교육관계자 연수 - 학습관 운영위원회 관리 - 북부청사 평생교육과 등 대외기관과 협력추진 - 평생학습담당 주요 업무 보고 - 평생학습 성과보고서 작성 - 포상업무 - 평생학습 인계인수서 작성 - 업무보고(주간 및 월중 업무, 평생교육 현황(통계))	031)259-1051
평생교육부	주무관	김O희	- 정규 및 특강(청소년) 프로그램 개발 및 운영 - 프로그램 관련 기자재 및 물품 관리 - 토요 학생 프로그램 개발 및 운영 - 방학단기(아동) 프로그램 개발 및 운영 - 강사 모집 및 선발, 계약 업무 - 즐거운 학교 프로그램 운영 - 수강생(아동·청소년) 만족도 조사 및 분석 - 어울림한마당 운영 - 체험프로그램(아동) 기획 및 운영 - 문화가 있는 날 프로그램 기획 및 운영	031)259-1053
평생교육부	주무관	이O혁	- 정규 및 특강 (청소년) 프로그램 개발 및 운영 - 프로그램 관련 기자재 및 물품 관리 - 토요 학생 및 방학단기 프로그램 개발 및 운영 - 꿈·job·我 프로그램 운영 - 행복한 학교 프로그램 운영 - 수강생(청소년) 만족도 조사 및 분석 - 어울림한마당(체험마당) 운영 - 체험프로그램(청소년) 기획 및 운영 - 재능기부(청소년) 프로그램 운영	031)259-1054

부서	직	성명	담당업무	전화번호
평생교육부	주무관	윤0섭	- 정규 및 특강(학부모 ·성인·실버) 프로그램 개발 및 운영 - 수강생 관리(신규가입 및 신청관련 민원 처리) 프로그램 개발 및 운영 - 수강생(학부모·성인·실버) 만족도 조사 및 분석 - 재능기부(성인) 프로그램 운영 - 재능기부 관련 기자재 및 물품 관리 - 어울림한마당(소통마당) 운영 - 프로그램 심의위원회 운영 전반 - 프로그램 내부규정 정비 - 어르신 즐김터 사업 기획 및 운영	031)259-1055
평생교육부	주무관	유0현	- 금빛평생교육봉사단 운영 - 갤러리 윤슬 운영(기획전시 및 초대전 포함) - 갤러리 시설 대관 - 학습동아리 운영 및 모니터링 - 콕잡아(고등학생 학습동아리) 프로그램 운영- 취약계층 평생교육프로그램 운영 지원 - 강사은행제 DB운영 및 강사대장 관리, 제증명관련업무 - 평생학습박람회 운영 관리(정) - 어울림 한마당(전시마당) 운영	031)259-1052
평생교육부	주무관	주0영	- 평생학습계좌제 및 학점은행제 관련 업무 - 착한 나눔, 벼룩시장 기획 및 운영 - 프로그램 통계입력 관리/강의실 관리 - 평생교육 통계 업무(한국교육개발원 관련) - 과 총무(예산 및 결산, 교육훈련, 각과 협조사항 등) - 성과관리- 여비·특근매식비 지출 - 평생학습담당 비품(사무용품) 관리 - 기록물 및 문서관리(보도, 강의자료, 사진 등)	031)259-1008
평생교육부	평생교육사	종0희	- 취약계층 평생교육프로그램 운영 - 행복뜰 프로그램 관련 기자재 및 물품 관리 - 행복뜰 활성화 사업 - 마을 연극단 운영 - 평생학습 상담실 운영, 평생교육사 견학 관리 - 어울림 한마당 운영 - 라라라(LifeLongLearning)데이 기획 및 운영- 평생학습박람회 운영 관리(부)	031)259-1041
평생교육부	교육연구관	유0복	- 학교평생교육담당 업무 총괄	031)259-1060
평생교육부	교육연구사	정0엽	- 학교평생교육담당 기본 계획 수립 - 교원 자발적 학교평생교육 프로그램 운영 - 교원 학교평생교육 직무연수 운영 - 학력인정 문해교육 현장 지원 및 컨설팅 - 학교평생교육 프로그램 개발 및 지원- 전문직 인사 관리	031)259-1061
평생교육부	주무관	주0희	- 꿈-잡고(Job Go) 드림-업(Dream Up) 프로그램 운영 - The 좋은 부모 되기 프로젝트 운영 - 꿈드림 교실 및 테마가 있는 학부모 아카데미 운영 - 학교평생교육 우수사례 공모 및 성과보고서 제작 - 주간, 월중 업무 계획 취합 - 학교평생교육 강사 DB 관리 및 민원업무	031)259-1062
평생교육부	주무관	김0영	- 중학생 학생성장교육 프로그램 운영 - 그릿, 열정과 집념 프로그램 운영 - 학교평생교육 운영교 현장 컨설팅 지원 - 학교평생교육 프로그램 개발 및 지원 - 학교평생교육담당 홈페이지 관리	031)259-1064
평생교육부	주무관	김0기	- 예비사회인(고3 대상) 프로그램 운영 - 학교평생교육 통계 업무 및 성과관리 - 예·결산, 여비지출, 교육훈련 각과 협조사항 등 - 기록물 및 관리(보도, 강의자료, 사진 등) - 학교평생교육 프로그램 개발 및 지원	031)259-1063
기획정보부	기획정보부장	홍0기	- 기획정보부 업무 총괄	031)259-1002

부서	직	성명	담당업무	전화번호
기획정보부	담당사무관	김0희	- 학교도서관지원담당 업무 총괄	-
기획정보부	주무관	김0우	- 과 주요업무계획 수립 - 대외협력지원에 관한 업무 - 부서 운영 및 예산 편성 관리 - 독서교육종합지원시스템 업무 관리 - 독서평가단 운영	031)259-1035
기획정보부	주무관	백0림	- 학교도서관 지원단 업무 - 새내기학부모 독서아카데미 운영 - 협력문고 운영 - 공모 및 재배정사업 운영 - 독서교육종합지원시스템 운영·신규기관 등록 및 컨설팅	031)259-1082
기획정보부	주무관	이0화	- 독서교육종합지원시스템 운영 　· 시스템 유지관리 　· 시스템 담당자 교육 및 컨설팅 - 학생독서 프로그램 운영(진로독서, 교과연계 프로그램) - 도서관 사서체험 프로그램 운영 - 도서관 운영평가 업무	031)259-1045
기획정보부	주무관	김0리	- 독서교육종합지원시스템 운영·시스템 이용 상담, 통계 및 게시판 관리 - 온라인콘텐츠 구입 및 서비스 - 도서관 대외협력 지원 업무 - 도서관 실습생 관리 - 부서 및 담당 행정업무·예산, 성과지표, 부서운영 등	031)259-1043
기획정보부	교육공무	이0혜	- 독서교육종합지원시스템 운영·시스템 이용 상담 - 사서업무 보조	031)259-1033
기획정보부	주무관	이0주	- 수서 및 정리업무 관리 - 연간 장서확충 계획 수립 - 자료선정위원회 운영 전반 - 자료구입 계획 수립 및 추진 　· 주제별 조사자료 선정 및 분석 　· 구입자료 조사 및 DB작성	031)259-1038
기획정보부	주무관	강0연	- 희망 · 베스트도서 구입 및 정리 　· 희망도서 접수 및 선정 구입 　· 베스트도서 조사 및 구입·이용자 안내서비스 - 정기 및 수시구입 도서 검수 및 정리 - 자료인계 및 자료등록원부 인계 - 월별 통계작성 및 장서통계 관리 - 장서확충 결과 보고 - 정리용품 구입 및 관리 - 구입자료 조사 및 DB작성 - 기증자료 관리(접수, 심의, 정리 및 인계)	031)259-1037
기획정보부	주무관	김0순	- 문서 및 비품 관리 - 여비·시간외 수당 지급 - 업무보고(주간 / 월중업무) - 타부서 관련 각종 협조사항 - 비정규직 관리- 부서운영 지원	031)259-1040
기획정보부	주무관	신0숙	- 정보시스템 운영 관리 - 개인정보보호 및 정보보안 업무 관리 - 공무원정보화 역량진단	031)259-1032

부서	직	성명	담당업무	전화번호
기획정보부	주무관	김0헌	- 독서교육종합지원시스템 노후시스템 교체 및 시스템 구축 - 학습관 노후시스템 교체 및 시스템 구축 - 독서교육종합지원시스템 정보시스템 유지보수 용역 계약 추진 - 학습관 정보시스템 유지보수 용역 계약 추진 - 개인정보보호 업무 - NEIS ·에듀파인·업무관리시스템 권한관리 - 공공데이터 제공 업무	031)259-1034
기획정보부	주무관	이0재	- 독서교육종합지원시스템 운영·관리 - 학습관 정보시스템 운영·관리- 학습관 네트워크 운영·관리 - 도서관리시스템 관리 - 정보보안 업무 및 정품소프트웨어 관리 - 홈페이지 및 와이파이, 메신저 관리 - 서버실기반시설(UPS, 항온항습)관리	031)259-1042
기획정보부	담당사무관	노0금	- 문헌정보담당 업무 총괄	031)259-1070
기획정보부	주무관	이0형	- 독서진흥팀 업무 총괄 - 과 주요업무계획 수립 - 과 예산편성 및 관리 - 독서진흥사업 개발 운영 - 독서회 연간계획 수립 및 관리 - 대외 협력업무 - 열람실 운영 총괄	031)259-1071
기획정보부	주무관	최0주	- 독서의달 계획수립 및 운영 - 독서교실 계획수립 및 운영 - 독서진흥 프로그램 운영 - 일반독서회 계획 수립 및 운영 · '책이랑' 독서회(주부), '온새미로' 독서회(일반) · '샘마루 이야기샘'(일반) 운영 - 월중 및 주간업무보고 - 업무일지 및 통계관리- 견학 관리	031)259-1091
기획정보부	주무관	윤0희	- 열람실 운영 - 도서관 주간 계획 수립 및 운영 - 계 예산 편성 및 운영 - 담당 보고자료 업무- 담당 행정업무 · 시간외·휴일근무 편성 · 과 사회복무요원 관리 · 과 여비 관리 · 문서수발 및 보관 유지 · 사무실 물품 관리 · 기타 과 서무업무- '해냄' 독서회(초5) 운영	031)259-1076
기획정보부	주무관	박0정	- 어린이실 운영 · 장서관리 : 자료인수 및 관리 - 어린이 독서진흥사업 계획수립 및 운영 - 어린이독서회 계획 수립 및 운영 - 어린이 독서퀴즈 운영- 보존서고 운영 관리 지원 -'새싹'독서회(초등3) 운영	031)259-1085
기획정보부	주무관	박0상	- 어린이실 운영 · 관외대출회원 및 연체자관리 - 어린이실 견학 및 현장학습 운영 - 일반 자원봉사자 운영 및 관리 - 보존서고 운영 관리 지원- '한나래' 독서회(초6) 운영	031)259-1089

부서	직	성명	담당업무	전화번호
기획정보부	주무관	나O희	- 어린이실 운영 　· 관외대출 및 관내열람 　· 희망 및 대출예약서비스 운영 　· 훼손도서 보수 　· 업무일지 및 통계관리	031)259-1088
기획정보부	주무관	장O택	- 열람팀 업무 총괄 - 팀 예산 편성 및 관리	031)259-1081
기획정보부	주무관	김O진	- 보존서고 운영 - 장서관리 : 장서점검, 폐기, 소독 - 어문학실 운영- 야간 연장사업 운영 - 청소년독서회 계획 수립 및 운영 - '가온누리' 독서회(고등) 운영	031)259-1073
기획정보부	주무관	김O혜	- 간행물 확충계획 수립 및 관리 - 어·문학/간행물실 운영 　· 장서관리 : 자료인수 및 관리 　· 관외대출회원 및 연체자관리 　· 무인대출예약, 반납기(함)관리 - 상호대차 운영- 장애인 서비스 및 노약자실 운영 - 보존서고 운영 관리 지원 - '샛별' 독서회(초등4) 운영	031)259-1075
기획정보부	주무관	이O재	- 어·문학/간행물실 운영 　· 관외대출 및 관내열람 　· 희망 및 대출예약서비스 운영 　· 훼손도서 보수 　· 업무일지 및 통계관리 - 장애인 서비스 및 노약자실 운영 - 보존서고 운영 　· 자료이송설비 관리 - 이월신문 및 과년도 잡지관리	031)259-1086
기획정보부	주무관	채O희	- 멀티미디어실 운영 　· 비도서자료 서비스 　· 장서관리 : 자료인수 및 관리 　· 업무일지 및 통계관리 - 테마영화 운영	031)259-1077
기획정보부	주무관	함O경	- 인문·사회·자연과학실 운영 　· 장서관리 : 자료인수 및 관리 　· 관외대출회원 및 연체자관리 - 정보자료 활용교육 계획 수립 및 운영 - 자원봉사 운영 계획 수립 및 운영 　· 학생자원봉사 운영 및 관리 -「사서에게 물어보세요」운영 - 장애인사서보조사업 운영 - 이달의 테마도서 운영 관리 - 일반 독서퀴즈 운영 - 보존서고 운영 관리 지원 - '혜윰' 독서회(중등) 운영	031)259-1083
기획정보부	주무관	오O오	- 인문·사회·자연과학실 운영 　· 관외대출 및 관내열람 　· 희망 및 대출예약서비스 운영 　· 훼손도서 보수 　· 업무일지 및 통계관리	031)259-1014

※ 경기평생교육학습관 www.gglec.go.kr

제3장
평생교육 현장실습을 위한 준비과정

1. 평생교육 현장실습 지도를 위한 교육
 1) 실습생 모집
 2) 실습운영 담당자 배정
 3) 사전준비과정 흐름도
 4) 실습 진행서류

2. 평생교육 현장실습 지도계획 세우기

3. 평생교육 실습생의 역할과 자세
 1) 실습생의 역할과 의무
 2) 실습생의 자세

제 3 장 평생교육 현장실습을 위한 준비과정

1. 평생교육 현장실습 지도를 위한 준비

1) 실습생 모집

 평생교육기관이 해당 대학에 먼저 알려 모집하는 방법 혹은 대학의 요청에 따라 실습 여부를 결정하는 방법이 있다. 또한 실습생 모집 후, 실습 예정자에 대한 사전 면담을 통해 실습생으로서의 자세와 역량 확인 후 실습허가 여부와 배치 업무를 최종적으로 판단한다.

2) 실습운영 담당자 배정

 실습운영 담당자는 업무 관련 지도뿐만 아니라 실습을 이끌어 가는 교수자로서의 역할을 담당한다. 만약 실습운영 담당자의 업무량 증가에 대비해 담당업무량 수위 조절 등의 배려가 필요하다.

3) 사전준비과정 흐름도

평생교육 현장실습 진행에 따른 행정절차와 각종 관련 서류를 꼼꼼히 확인해야 한다.

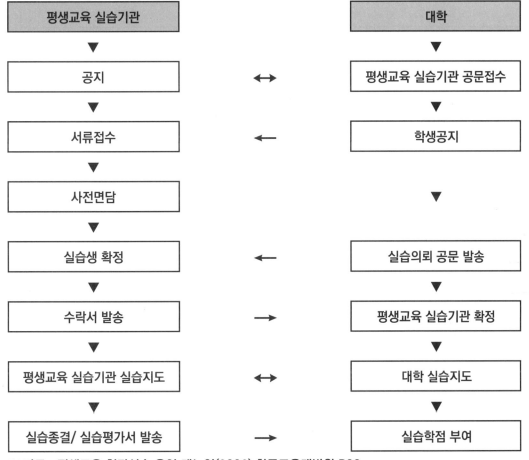

※ 자료 : 평생교육 현장실습 운영 메뉴얼(2006) 한국교육개발원 P22

4) 실습 진행서류(서식)

〈서식1〉

평생교육현장실습기관 사전조사서

소속		성명		학번	
기관명					
기관유형					
전화번호			FAX번호		
주소					
기관연혁					
기관의 설립 및 운영목적					
주요사업내용					
기관시설현황					
실습담당자					
실습비용					

실습기관장 (직인)

OO대학교

수　신 :

참　조 : 실습담당 선생님

제　목 : 평생교육실습 협조 의뢰서

---

1. 항상 평생교육 현장실습을 위해 애써 주시는 귀 기관에 감사드리며 귀 기관의 무궁한 발전을 기원 합니다.

2. 평생교육실습과목을 수강하는 본교 학생의 현장실습을 의뢰하오니 아래를 참조하시어 협조하여 주 시기 바랍니다.

- 다　음 -

실습생 성명	실습기간	실습요일	실습지도내용
			기관에서 시행하고 있 는 프로그램, 기관운영, 사례 관리등

3. 유의사항

　　가. 실습평가점수 : 100%로 실습평가서에 표기

　　　　　　(소수의 경우 둘째자리에서 반올림)

　　나. 실습관련서류(평가서포함) : 실습생을 통해 학교제출 및 우편으로 제출

　　다. 실습일지 작성 : 수기작성 및 워드작성

　　라. 서류제출기한 엄수 : 실습일지 및 관련 서류 미제출시 학점 불인정

붙임 : 1. 실습신청서 1부.

　　　 2. 실습생신상서 1부.

OO대학교총장

담당자　　　　　　　　　　　　　　학과장

협조자

시행 00-00(2014.00.00)　　　　　　접수

우/ 주소

전화:　　　　//　　　　　　　　E-mail:

실 습 신 청 서

1. 실습생 인적사항

성 명		생년월일			
학교명		학과/전공		학년/학기	
현주소					
전화번호	집 :			휴대폰 :	
E-Mail					

2. 실습의뢰 내용

실습 부서	
실습 분야	
실습 내용	
실습 기간	

3 . 평생교육 관련과목 이수 현황

교과목명	이수시기 (년월)	이수 여부	교과목명	이수시기	이수 여부	교과목명	이수시기	이수 여부
평생교육론	2017.03 ~ 2017.06	O						

4. 평생교육 관련 경력

구분 (취업, 실습, 봉사)	기관명	기간(년월)	내용
		년 월~ 년 월(총 개월)	
		년 월~ 년 월(총 개월)	

상기 내용으로 귀 기관에 실습을 신청합니다.

실습생 :   인

실습지도교수 :   인

실습교육기관 :   귀중

실습의뢰 결과 회보서

1. 실습의뢰 결과

□ 수락합니다(수락시 하단의 내용 기재)　　　□ 거절합니다

2. 실습 기본사항

1) 기본사항

실습생명		소속 양성기관명	
실습기간	년　월　일부터　～　년　월　일까지(총　일)		
실습 배치부서			

2) 실습기관 정보

기관명		기관유형	유형 :
전화번호		인허가등록번호	
주　소			

3) 실습지도자 정보

실습 지도자	·성명 : ·부서 : ·직위 : ·연락처 :	평생교육사 자격증	자격증 번호		자격증 급수	
			취득 기관명			
			취득일		년　월　일	
		평생교육 관련경력	기간(년월)	년 월 ~ 년 월 (총 개월)		
			담당업무			

4) 준비사항

필요서류	
실습비	원(실습개시일 납부 요망)
사전준비물	

상기 내용으로 귀 기관에서 의뢰한 현장실습 의뢰 결과를 회보합니다.

실습기관 :

※ [붙임자료] 평생교육시설 신고(등록)증 사본 1부

실 습 서 약 서

성   명 :

주민등록번호 :

연 락 처 :

상기 본인은 00학년도 00대학교 수업 평생교육실습과목을 이수함에 있어 관련기준을 준수하여 성실히 현장실습에 임할 것입니다

1. 향후 법적 이수기준 미비 및 사실과 다른 내용 기재 등의 사유가 밝혀질 경우 학점취소 등의 모든 책임은 본인이 질 것을 서약합니다.

2. 실습기관의 실습생으로서 실습기간동안 알게 되는 수강생과 기관에 대한 정보에 대해 전문적인 업무 이외에는 비밀을 유지할 것을 서약합니다.

3. 실습 내용을 외부에 알려야 할 경우 실습지도자와 사전 논의 할 것을 서약합니다.

년 월 일

작 성 자 :   (서명 또는 인)

OO대학교 귀하

현장실습 계약서

1. 작 성 일 시 : _____
2. 실 습 기 간 : _____ ~ _____
3. 실 습 생 명 : _____ (인)
4. 실습지도자명 : _____ (인)
5. 실습지도교수명 : _____ (인)
6. 실습내용 :

실습주제	실습목표 성취를 위한 과제	평가내용 및 방법
평생교육사로서 정체감 형성		
기관구조의 이해		
지역사회에 대한 이해		
기관사업과 프로그램의 이해		
평생교육사업 및 프로그램 개발과 운영		
평생교육 요구조사 및 평가 실시		
학습자 및 학습동아리 자문과 상담 수행		
강사 섭외와 관리 및 교육 실시		

<서식7>

실습생출근부

실습생명 : _____ (인)

실습지도자명 : _____ (인)

연번	월 일	출근 일시	퇴근 일시	실습시간	점심/저녁 시간	실습생 확인	지도자 확인	지각/조퇴 결근여부	사유
1	09/1	9:00	18:00	8 시간	12:00 ~ 13:00				
2	09/2	17:00	22:00	4 시간	18:00 ~ 19:00				
3				시간					
4				시간					
5				시간					
6				시간					
7				시간					
8				시간					
9				시간					
10				시간					
11				시간					
12				시간					
13				시간					
14				시간					
15				시간					
16				시간					
17				시간					
18				시간					
19				시간					
20				시간					
총 실습시간				시간					

※ 출근시간, 퇴근시간 표시, 퇴근 시 실습생 및 실습지도자가 확인함. 지각, 조퇴, 결근 시 그 사유를 함께 기재함.

※ 단, 실습기관의 특성에 따라 점심/저녁시간에도 실습을 수행해야 할 경우에는 [점심/저녁시간]란에 '해당없음'을 기재함.

평생교육현장실습 보고서
(20 학년도 학기)

관리번호			평 가 자 확 인	

학과		성 명		등급 (점수)
		전화 (휴대폰)		

학 번									

※ 학번은 반드시 기재하여야 함

실습기관명		기관소재지역	
실 습 기 간			
실 습 내 용			

OO대학교

※ 표지는 A4 용지 사용
※ '관리번호' 및 '평가가 확인, '등급'란은 기재하지 말 것

실습일지 (예시)

실습일	년 월 일(요일)			실습지도자 확인	(서명 또는 인)
실습시간	출근일시	퇴근시간	식사시간	지각/조퇴결근 여부(사유)	실습시간
					시간
실습내용	※ 실습일정에 따른 업무명 순으로, 주요 활동내용을 기술 ※ 실습지도가 가능하도록 구체적, 객관적으로 기술(실습일지는 개인일기가 아니므로, 실습일과에 대한 개인의 감정, 의견, 느낌 등은 가능한 한 피해야 함) ※ 프로그램 참관(보조진행) 시, 단순히 '000프로그램 참관'이 아닌, 프로그램의 목적, 주요내용, 강의자의 진행방법 등을 자세히 기록 ※ 실습기관의 동의를 얻은 경우, 일지에 사진 첨부 가능				
실습소감 및 자기평가 (협의사항 포함)	※ 실습내용에 관한 실습생의 의견 및 자기평가를 기술하되 사실에 기초하여 기록하며 발전 진행적으로 기록 ※ 실습지도를 통해 습득한 지식과 기술을 실무에 어떻게 적용할 수 있는 지 등을 기록 ※ 해당 일자의 실습업무 수행을 통해 실습지도자에게 제안하고 싶은 사항 기록				

평생교육 현장실습 면담 확인서

실습생	성 명		휴대전화	
	학교/학과명		실습지도교수명	
실습기관	기관명		실습지도자명	
	실습기간			
	면담일시			
	면담방법			
면담내용 및 증빙자료				

※ 방문을 통한 면담진행 시 관련 증빙자료(실습지도교수/실습생 촬영사진, 출장비 지출서류, 강사료 지급서류 등) 부착

※ 이메일 및 전화를 통한 면담진행 시 면담내용 상세히 기재

실습지도 기록서

실습지도자 :　　　　(서명 또는 인)

주차	실습지도자 의견
1주차	
2주차	
3주차	
4주차	

평생교육 현장실습 평가서

1. 실습기관명 :

2. 실 습 기 간 : 년 월 일 ~ 년 월 일(주, 총 시간)

3. 실습지도자 :

직명	성명	담당	내용	비고
(소속부서명 포함 기재)		(담당업무 기재)	(주요업무 상세 기재)	(평생교육사 자격 소지 사항 및 평 생교육 관련 경력 기재)

4. 실습내용 :

제1주	제2주	제3주	제4주

5. 실습상황

실습생 성명	학과명	근무태도 (10%)	자질 (15%)	학습지도 능력 (50%)	연구조사 활동 (15%)	학급경영 및 사 무처리 능력 (10%)	총평 (100%)	비고

위 사실을 증명함

년 월 일

실습기관의 장 직인

평생교육 현장실습 확인서

<table>
<tr><td rowspan="4">실습생</td><td>성 명</td><td></td><td>주민등록번호</td><td colspan="3"></td></tr>
<tr><td>전화번호</td><td></td><td>휴대전화</td><td colspan="3"></td></tr>
<tr><td>주 소</td><td colspan="5"></td></tr>
<tr><td>학교/학과명</td><td></td><td>실습지도교수 성명</td><td colspan="3"></td></tr>
<tr><td rowspan="12">실습기관</td><td>기관명</td><td></td><td>기관 유형</td><td colspan="3">[별표 2] 실습기관 유형 참고</td></tr>
<tr><td>인허가등록
번호</td><td></td><td>기관 전화번호</td><td colspan="3"></td></tr>
<tr><td>주 소</td><td colspan="5"></td></tr>
<tr><td>실습기간</td><td colspan="5">년 월 일부터 ~ 년 월 일까지(총 일)</td></tr>
<tr><td>실습시간</td><td colspan="5">총 시간 (매주 요일부터 ~ 요일까지)</td></tr>
<tr><td>실습지도
자명</td><td></td><td rowspan="3">실습지도자
평생
교육사 자격증</td><td>자격증급수</td><td colspan="2"></td></tr>
<tr><td>실습지도자
연락처</td><td></td><td>취득기관명</td><td colspan="2"></td></tr>
<tr><td>실습지도자
직위</td><td></td><td>취득일</td><td colspan="2"></td></tr>
<tr><td colspan="6">실습지도자 평생교육 관련 경력</td></tr>
<tr><td>기관명</td><td>소속부서</td><td>기간(년월)</td><td colspan="3">담당 업무</td></tr>
<tr><td></td><td></td><td>년 월~ 년 월(총
개월)</td><td colspan="3"></td></tr>
<tr><td></td><td></td><td>년 월~ 년 월(총
개월)</td><td colspan="3"></td></tr>
</table>

위와 같이 실습 내용을 확인합니다.

년 월 일

실습지도자 :　　　　　(서명 또는 인)

실습기관장 :　　　　　　(직인)

년 월 일

실습지도교수 :　　　　　(서명 또는 인)

국가평생교육진흥원장 귀하

<서식14>

평생교육 현장실습대장

연번	실습생명	생년월일	소속 양성기 관명	실습기간(연월일) (실습시간)	실습지도자 사항				평가 점수
					성명	직위	자격급수	평생교육 관련 경력	
01	홍길동	00.00.00	00대학교	00.00.00~00.00.00 총160시간(총20일)	김00	팀장	2급	총 60개월	96

2. 평생교육 현장실습 지도계획 세우기

현장실습 지도자는 현장실습에 대한 목표 설정, 일감 선정, 일정확인 및 실습세부계획 수립 등 이러한 작업을 통해 실습운영 담당자로서 자신이 왜 실습지도를 해야 하는지, 실습과정을 통해 궁극적으로 무엇을 성취하려고 하는지, 그리고 그것을 달성하기 위해서 어떻게 해야 하는지에 대한 보다 명확한 방향을 제시해 줄 수 있을 것이다.

- 현장실습에 대한 실습생의 역할과 책임은 무엇인가?
- 실습생이 몸담고 있는 기관은 어떤 유형인가?
- 실습을 통해 무엇을 성취하고자 하는가?
- 이번 현장실습지도를 위해 세운 세부적인 목표는?

3. 평생교육 실습생의 역할과 자세

1) 실습생의 역할과 의무
- 성공적인 현장실습을 위한 적절한 사전준비
- 예비 평생교육사로서 수행하여야 할 역할과 내용, 방법에 대한 이해
- 성실하게 실습에 참여하며, 실습경험을 통해 얻은 것을 반성적으로 성찰하고 기록

2) 실습기관에 대한 실습생의 자세
① 적극적인 자세
맡은 일에 최선을 다하고, 제대로 일을 하는 자세뿐만 아니라 적극적으로 참여하고 조력하는 자세이다.

② 배우는 자세
평생교육의 전체적인 맥락 속에서 각 업무의 관련성을 파악하고 배우고 익혀야 할 것을 점검하고 노력하는 자세이다.

③ 원만한 자세
기관 내 실무자들과 원만한 인간관계형성뿐만 아니라 현장의 관습과 업무 수행 스타일을 파악하여 익히는 자세이다.

제4장
평생교육 현장실습의 이해

1. 평생교육 현장실습의 개념 및 필요성

2. 평생교육 현장실습의 의미

3. 평생교육 현장실습의 목적과 목표

4. 평생교육 실습교육과정

5. 평생교육 현장실습 지침
   1) 실습시기
   2) 실습 선수과목
   3) 평생교육 현장실습 내용
   4) 현장실습일지 기록상 유의사항

제 4 장 평생교육 현장실습의 이해

1. 평생교육사 현장실습의 개념 및 필요성

평생교육 양성기관에서 정해진 교과목 또는 과정을 이수한 뒤 평생교육기관에서 실제적인 활동에 참여하거나 참관함으로써, 강의실에서 이론적으로 학습한 것을 평생교육기관이라는 실제적 상황에 적용해 보는 과정이다. 이는 학습내용을 실제 적용해 봄으로써 평생교육사로서의 정체성과 책무성 및 사명감을 기르는 기회를 갖게 한다.

현장실습을 통하여 자신이 관심을 갖고 있는 영역에 집중하고 직접 체험함으로써 본인 직업진로의 세계를 탐색할 수 있는 기회를 갖는다.

2. 평생교육현장 실습의 목적
(평생교육현장실습매뉴얼 2009.12)

평생교육사가 갖추어야 할 실천적 지식과 기술을 개발하며 바람직한 평생교육전문가를 양성하는 것이다.

① 평생교육 관련 이론을 평생교육 실습현장에 적용하고 실천하는 능력을 기른다.
② 전문적 능력 및 올바른 태도와 자질을 함양한다.
③ 조직 내 인간관계가 갖는 역동성을 이해한다.
④ 다양한 이해관계자(stakeholder)의 요구를 이해할 수 있는 능력을 키운다.
⑤ 실습현장의 전문적으로 분화된 구체적인 기능과 그 기능이 어떻게 수행되는지를 이해한다.
⑥ 평생교육사로서의 삶의 준비와 소질과 적성이 갖추어졌는지 스스로가 평가·검증하는 기회를 갖는다.
⑦ 자신의 직업적 적성을 확인하고 구체적인 경력개발 계획을 세울 수 있는 기회를 갖는다.
⑧ 평생교육현장에서 평생교육이 처해 있는 현실을 이해한다.
⑨ 자신의 인성 또는 자질이나 능력을 평가해 보는 기회를 갖는다.

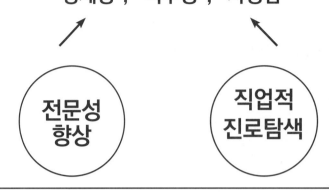

그림4-1 평생교육 현장실습의 기대효과

※자료: 평생교육현장실습메뉴얼(2009), 평생교육진흥원p13

3. 평생교육 현장실습의 의미

1) 평생교육 양성기관과 평생교육기관의 연계

현장실습은 평생교육사 양성기관과 평생교육기관을 연계하는 고리이다. 평생교육사 양성기관은 교육이 진행되는 모든 영역을 포괄하는 평생교육기관은 아니다 그러므로 평생교육사 양성기관과 평생교육기관이 협력관계를 맺음으로써 평생교육사가 하나의 직업으로서 사회에 성착되고, 평생교육도 활성화될 수 있다.

2) 평생교육 전문가로서의 양성 기회

현장실습은 평생교육전문가로서의 능력과 적성을 시험해 보는 기회와 전문가로의 훈련과정으로 중요한 의미를 갖는다.

3) 평생교육 현장에 적용하는 기회

현장실습은 대학 또는 기관에서 익힌 평생교육이론을 평생교육 현장에 적용, 실천하므로 이론과 실제의 관련성을 체험하는 계기가 되며 직업의 세계를 탐구할 수 있다.

4. 평생교육 실습교육과정

실습진행 일정(안)은 일반적으로 많이 진행되는 방학 중 실습을 기준으로 표 4-1에 제시한다.

[표 4-1] 진행일정(안)

구분	일정	내용	진행과정
실습전	4월초 (10월 초)	실습 오리엔테이션	● 실습기관에 대한 정보를 수집 한다. ● 관심 분야의 실습희망기관을 2~3곳 예비 선정한다. ● 기관 선정용 실습계획서를 작성하여 제출한다.
	4월 말 (10월 말)	실습기관 선정	● 실습조교는 실습희망기관과 접촉하여 실습가능성을 확인 한다. ● 실습지도교수는 실습계획서에 기초해 각 실습생이 희망하는 실습기관을 접촉하여 실습부서와 실습담당자를 확정한다. ● 실습조교는 해당기관에 실습요청 공문을 발송한다.
	5월 초 (11월 초)	실습 준비교육	● 확정된 실습기관을 확인한다. ● 실습준비 교육을 받는다.
	5월 중순 (11월 초)	사전 기관방문	● 실습계획서와 실습생 자기소개서 등를 작성하여 기관방문을 한다. ● 실습기간에 방문하여 실습담당자에게 서류를 제출한다. ● 실습기관에 대한 기초자료를 수집하고, 실습일정 및 실습내용을 협의한다.
	6월초 (12월 초)	실습계약	● 실습계약서를 작성한다. ● 실습계약 내용 및 실습일정을 발표한다.
현장 실습	방학중 8월 중순 (2월 중순)	현장실습 및 지도교수 관리 진행 실습종료 및 보고서 제출	● 실습기관에서의 현장 실습과 지도교수에 의한 실습지도에 참여한다. ● 실습기간 중 실습일지를 작성한다. ● 실습지도자에게는 실습일지를 매일 제출하고, 지도교수에게는 주 단위로 제출한다. ● 지도교수는 실습일지 확인 등을 통해 관리(supervion)를 진행한다. ● 실습평가는 실습기관에서 실시하며, 실습보고서를 실습기관과 학교에 제출한다. ● 실습종료후 한달 이내에 실습일지와 실습최종보고서를 정리하여 지도교수에 제출한다. ● 실습지도자는 실습평가서를 양성기관에 제출한다.
실습후	9월 말 (3월 말)	성적평가	● 평생교육실습 과목을 수강 신청한다. ● 실습지도교수는 실습일지, 실습보고서, 기관용 실습평가서, 실습세미나 결과 등을 근거로 성적을 평가한다.

※자료: 평생교육현장실습매뉴얼(2009), 평생교육진흥원, p.19~20

이 처럼 방학 중 실습을 할 경우, 여름방학 실습생은 다음 2학기에, 겨울방학 실습생은 다음 1학기에 수강신청을 해야 한다. 즉 (先) 현장실습, (後) 수강신청 및 성적산출이 진행되는 형식이다. 평생교육 양성기관에서 공통적으로 이용할 수 있는 평생교육실습교과 운영(안)을 표 4-2에서 제시한다.

[표 4-2] 평생교육실습 교과운영(안)

구분	내용	
교과 개요	평생교육실습은 현장에서 평생교육사의 역할에 대한 이해를 더욱 제고하고, 평생교육 전문 인력으로서 갖추어야 하는 역량 및 현장 실무경험의 기회를 실질적으로 제공하고자 운영되는 교과목	
현장실습 유형	● 학기중 실습/방학 중 실습 ● 시간제 실습 ● 근무지 실습	

교과 운영 구조	※ 교과과정은 15주를 기본으로 하며, 1주(오리엔테이션), 6주(실습세미나), 4~7주(현장실습-지도교수 관리), 1주(실습보고회 및 평가회)로 구성함.
	● 오리엔테이션 1회
	● 실습세미나 6회
	 1. 평생교육사 실무 이해(Ⅰ), 현장실습기관 및 현장실습 지침에 대한 이해
	 2. 평생교육사 실무 이해(Ⅱ), 실습기관 분석 및 발표
	 3. 평생교육사 실무 이해(Ⅲ), 실습계약서 제작 및 실습일정 발표, 실습보고서
	  개요 발표
	 4. 실습일지 작성요령 및 실습생의 자세에 대한 이해
	 5. 실습 중간발표(실습이 2주 정도 진행된 후 실습운영 상황 및 문제점 등에 대해서 실습생
	  간의 문제를 공유할 수 있도록 함)
	 6. 실습보고회 및 평가회 준비를 위한 실습생 간 네트워크 및 지도교수 자문
	  제공등
	● 평생교육기관에서의 현장실습(4~7주)
	 현장실습이 진행되는 기간중 지도교수의 관리(supervion)도 함께 진행되어야 함 (1주 1회 : 4회이상)
	● 현장실습보고회 및 평가회 1회	

실습 지도	실습지도교수	● 평생교육사 양성기관 : 교과목 담당교수
	실습지도자	● 평생교육 현장실습기관 : 평생교육기관 팀장급 이상 또는 실무경력 2년 이상인 직원 (평생교육사 자격증 소지자로 권장함)
실습 평가	● 출석, 실습일지와 실습보고서, 실습기관 실습지도자의 실습평가서를 종합하여 교과목 담당교수가 평가	

구분	내용
실습 내용	● 오리엔테이션 -현장실습과 평생교육사 역할의 이해 -현장실습의 개념 및 목적 -현장실습 절차 ● 평생교육사 실무의 이해 -평생교육 프로그램 기획 및 계획서 작성 -학습자 요구 조사 및 분석 -프로그램 개발, 운영 및 평가 -프로그램 진행 및 참여, 기록, 모니터링 -학습자 모집 및 홍보방법 구안 -학습자 대상 학습정보 제공 및 학습상담 -학습자의 장기 학습로드맵 컨설팅 -예산처리, 비품, 문서관리방법 -지역사회지원 및 개발 -지역사회 학습공동체 구축 지원 -평생교육관련 사업기획 및 사업계획서 작성 -사업성과의 진단과 평가 - 기타 평생교육 업무와 관련된 직·간접 사업 ● 현장실습평가 -현장실습평가의 내용 -현장실습평가의 방법

※자료: 평생교육현장실습매뉴얼(2009), 평생교육진흥원, pp.17~18

5. 평생교육 현장실습 지침

1) 실습시기

평생교육사 양성과정을 이수 중인 학생이 교과과정 운영과 관련하여 평생교육 현장실습을 나갈 수 있는 적절한 시기를 의미한다.

[표 4-3] 평생교육 현장실습 시기

양성 기관 유형	실습조건	
대학(2년제)	2학년 1학기 이상 이수한 학생	
대학교(4년제)	3학년 1학기 이상 이수한 학생	
대학원	석사(박사)과정 2학기 이상 이수한 학생	
대학(교) 〈시간제 등록생〉 · 학점은행기관 〈표준교육과정이수생〉	전문대학 이상의 학위 취득자로 관련과목만 이수하여 자격증 취득할 경우	평생교육 관련과목 중 평생교육 실습 과목을 제외한 필수과목을 모두 이수한 학생

양성 기관 유형	실습조건		
학점은행기관 〈표준교육과정 이수생〉	고등학교 졸업자로 관련과목 이수와 함께 학점은행제를 통해 학위를 취득할 경우	전문학사학위 (2년제)	학위수여 조건인 총 이수학점 80학점 중 40학점 이상을 이수한 학생
		전문학사학위 (3년제)	학위수여 조건인 총 이수학점120학점 중60학점 이상을 이수 한 학생
		학사 학위	학위수여 조건인 총 이수학점14학점 중 70학점 이상을 이수한 학생

※자료: 평생교육현장실습매뉴얼(2009), 평생교육진흥원, p21

2) 실습 선수과목

실습생이 현장실습을 나가기 전에 평생교육 관련과목 중에 반드시 이수해야하는 과목이다. 이를 이수해야 하는 이유는 평생교육과 관련하여 기초적으로 습득해야 하는 이론 및 기술 등에 대한 기본적인 이해가 있어야 더욱 효율적인 현장실습을 수행할 수 있기 때문이다.

평생교육 관련과목은 평생교육법 시행규칙 제5조 제1항에 근거하여 표 4-4에 제시한다.

[표 4-4] 평생교육 관련과목

구분		교과명
양성 과정	필수	평생교육론, 평생교육방법론, 평생교육경영론, 평생교육 프로그램 개발론
		평생교육실습(4주간)
	선택	아동교육론, 청소년교육론, 여성교육론, 노인교육론, 시민교육론, 문자해득교육론, 특수교육론, 성인학습 및 상담(1과목 이상 선택하여야 함)
		교육사회학, 교육공학, 교육복지론, 지역사회교육론, 문화예술교육론, 인적자원개발론, 직업·진로설계, 원격(이러닝, 사이버)교육론, 기업교육론, 환경교육론, 교수설계, 교육조사방법론, 상담심리학(1과목 이상 선택하여야 함)

-평생교육 필수과목 중 실습 선수과목

대학교: 평생교육실습을 제외한 필수과목 4개 과목

대학원: 평생교육실습을 제외한 필수과목 중 3개 과목

3) 평생교육 현장실습 내용

▣ 실습 운영기준

☞ 실습은 최소 4주간(최소 20일, 총 160시간) 이상 실시하여야 한다.

☞ 실습은 실습의 실효성을 고려하여 실습기관의 근로환경과 동일한 여건하에서 실습하는 것을 전제로, 1일 8시간(9:00~18:00), 주 5회(월~금)의 통상 근로시간 내 진행한다.

※ 점심 및 저녁 등의 식사시간은 총 160시간의 실습시간에서 제외

다만, 현장실습기관의 특성 및 실습생의 상황(직장인 등)을 고려하여 야간 및 주말시간을 이용한 현장실습도 가능하다.

☞ 실습지도자 요건
  - 평생교육사 1급 자격증 소지자
  - 평생교육사 2급 자격증을 보유하고 관련업무 2년 이상 종사한 자
  - 평생교육사 3급 자격증을 보유하고 관련업무 3년 이상 종사한 자

☞ 직장체험(인턴), 해외실습, 2개 이상 기관에서의 실습 불가

☞ 실습교육내용(과제) : 필수항목 : 모든 실습교육에 4개 항목 필수적으로 구성
선택항목 : 3개 내용 중 최소 1개 내용을 선택하여 구성

구분		실습내용	
필수 항목	1. 오리엔테이션	① 기관소개 및 평생교육 관련 주요업무 소개 - 기관별 현장실습 운영규정 안내 포함 ② 실습기관유형 대비 기관특성 소개 - 주요 학습자 및 프로그램 소개 등 ③ 해당 기관 실습생의 자세와 역할 ④ 구체적 실습목표 설정 및 실습지도자와 일정별 세부계획 수립	
	2. 행정업무	① 기안 및 공문서 모의 작성 ② 사업예산(안) 편성 안내	
	3. 모의 프로그램 기획	I	① 실습기관의 주요 프로그램 조사 및 분석 ② 학습자 요구분석 실시(실습기관 학습자 대상)
		II	③ 모의 평생교육 프로그램 개발 ④ 모의 평생교육 프로그램 홍보 및 마케팅
	4. 실습평가	실습 평가회 : 실습생의 실습수행 내용에 대한 평가 등	
선택 항목	1. 실습기관 관련법 및 정책이해와 기관분석	① 평생교육법 및 관련 정책 파악하기 ② 실습기관의 SWOT 분석을 통한 전략 도출	
	2. 교육프로그램 운영 지원	① 학습자 관리 및 지원 ② 강사, 학습동아리 등 인적DB 관리 및 지원 ③ 학습정보DB 관리 및 지원 ④ 학습시설매체 관리 및 지원 ⑤ 프로그램 관리운영 및 모니터링 ⑥ 프로그램 만족도 조사 지원(결과분석 수행 등) ※ 별개 프로그램 2개 이상 수행	
	3. 유관기관 방문 및 관련 행사 참석	① 유관기관 프로그램 조사 및 분석을 위한 방문 ② 평생학습 관련 행사(지역축제, 박람회 등) 참석 ※ 실습목적에 맞춰 2개 이상 5개 이하 기관을 방문하되, 총 방문기간은 3일을 넘지 않도록 함. ※ 각 기관방문에 대해서는 출장 및 결과보고서 제출 권장	

4) 현장실습일지 기록상 유의사항

① 출근부에 출근과 함께 매일 날인한다.

② 내용은 간결하고 명확하게 작성하도록 한다.

③ 실습기관 현황 및 실습예정표는 기관 측의 협조를 받아 기재한다.

④ 은어나 속어는 자제하고 오자나 탈자가 없도록 주의하여 작성한다.

⑤ 실습일지는 매일 기록하고, 실습이 끝나면 교육실습 일지를 지체 없이 대학에 제출하여 확인을 받는다.

⑥ 실습일지는 실습내용을 충실하게 기록하고, 글씨는 정자로 깨끗하게 정서한다.

⑦ 가급적 주관을 배제하고 객관적인 사실에 근거하여 정확하게 기록하도록 한다.

⑧ 교육실습일지 기록 이외에 학습자, 실습운영 담당자, 기관관리, 기관운영 및 업무추진과 관련된 사례연구 등도 성실하게 기록한다.

⑨ 실습과정 상에 있었던 내용들은 과장 없이 실제로 했던 내용만을 정확하게 기록 하도록 한다.

제5장
평생교육 현장실습기관

1. 현장실습기관 선정요령

2. 평생교육기관별 실습 전 분석사항
  1) 평생교육기관에 대한 분석
  2) 실습지도자에 대한 분석
  3) 평생교육기관별 보유 실습교육과정에 대한 분석

3. 평생교육 현장실습기관
  1) 현장실습기관의 기본조건
  2) 현장실습기관 적용 법령
  3) 현장실습기관 유형

제5장 평생교육 현장실습기관

1. 현장실습기관 선정요령

(평생교육현장실습 매뉴얼 2009:38~39)

① 평생교육기관으로서의 정체성을 갖고 있어야 하며, 평생교육기관의 비전을 함께 살펴보아야 한다.

② 평생교육기관의 특성을 반영한 사업 및 프로그램을 운영하고 있어야 한다.

③ 실습생이 현장실습의 목적을 충분히 달성할 수 있는 정도의 교육과정과 노하우를 갖추고 있어야 한다.

④ 실습지도자가 기관의 여러 프로그램이나 업무 중의 하나로 공식화되어 있어, 실습생이 실습지도를 받을 수 있는 조직 분위기이어야 한다.

⑤ 실습기관에서 실습생에게 기관의 단순업무를 과도하게 배정하지 않도록 업무구조와 분위기를 갖춘 기관이어야 한다.

2. 평생교육기관별 실습 전 분석사항

(평생교육현장실습 매뉴얼 2009:64~65)

실습생들은 자신이 실습하게 될 실습기관, 실습지도자, 실습교육과정을 분석해 봄으로써 체계적으로 기관을 이해할 수 있게 된다. 이러한 이해를 바탕으로 실습생과 실습생을 지도하는 교수는 상호 협의 하에 실습기관을 신중하게 선택해야 한다. 실습 전에 수행해야 할 분석의 틀에는 다음과 같은 내용이 포함될 수 있고, 이를 보고서 형태로 실습 전에 작성할 필요가 있다.

1) 평생교육기관에 대한 분석

실습생은 실습기관의 기관명칭, 설립목적 및 연혁, 비전 및 중·장기계획, 주요사업내용, 기관시설현황, 운영 사업내용 및 프로그램 현황, 실습담당자, 실습 비용등을 중심으로 분석할 수 있다.

〈평생교육기관에 대한 분석표〉

소속지역대학	00대학교	성명		학번	
기 관 명	00평생교육원				
전화번호		FAX			
주 소					
기관연혁					
기관의 설립 및 운영목적					
주요사업내용					
기관시설현황					
실습담당자					
실습비용					

00평생교육원장

2) 실습지도자에 대한 분석

실습생은 실습 전에 실습하고자 하는 실습기관에서 근무하는 실습지도자의 평생교육 실무 경력을 살펴본 후 실습생 자신이 실습을 희망하는 분야와 일치 하는지 여부를 짚어 보아야 한다. 이와 함께 실습지도자의 실습지도 이력 또한 실습지도에 영향을 미칠 수 있는 부분이므로 살펴볼 필요가 있다.

3) 평생교육기관별 보유 실습교육과정에 대한 분석

실습생은 실습하고자 하는 기관이 보유하고 있는 실습교육과정을 살펴보고 자신이 실습하고자 하는 방향과 맞는지 여부를 꼼꼼히 살펴본 후 실습기관을 결정해야 한다.

3. 평생교육 현장실습기관

1) 현장실습기관의 기본조건

이론적으로 학습한 것을 평생교육기관의 실제 상황에 적용해 보는 과정이며, 이 과정을 통해 실습생을 평생교육 전문가로서 훈련하고 실무기능을 익히게 하는 평생교육기관을 의미한다.

현장실습교육이 이루어질 수 있는 공간이나 시설 등의 물리적인 여건 확보와 함께 현장실습 분위기를 조성해야 한다.

평생교육 현장실습기관은 교육자적 자질과 경력을 갖춘 실습지도자를 선발해야 한다.

2) 현장실습기관 적용 법령

평생교육법에 의한 평생교육 현장실습기관 적용 법령은 평생교육법 시행규칙 제5조 제1항과 관련한 평생교육법 시행규칙 별표 1에서 제시하고 있으며 상세 내용은 다음과 같다.

평생교육실습 과목은「평생교육법 시행령」제69조 제2항에 따라 문자해득교육 프로그램으로 지정받은 기관,「평생교육법」제19조부터 제21조까지의 규정에 해당하는 평생교육기관(평생교육진흥원, 시·도 평생교육진흥원, 시·군·구 평생학습관)에서의 4주간 현장실습을 포함한 수업과정으로 구성한다.

3) 현장실습기관 유형

평생교육현장 실습기관의 유형은 평생교육법과 그 밖의 다른 법령에 의하여 설립된 기관들이 있다.

[표 5-1] 평생교육법 기관유형

구분		기관유형		예 시
평생교육법	① 유형	3대 평생교육 전담기구	국가평생교육진흥원	국가평생교육진흥원
			시·도평생교육진흥원	강원도평생교육진흥원, 대구평생교육진흥원, 전라남도평생교육진흥원, 서울특별시평생교육진흥원, 부산평생교육진흥원, 인천평생교육진흥원, 광주평생교육진흥원, 대전평생교육진흥원, 울산평생교육진흥원, 경기도평생교육진흥원, 충청북도평생교육진흥원, 충남평생교육진흥원, 경북평생교육진흥원, 제주특별자치도평생교육진흥원
			시·군·구 평생학습관	평생학습관, 공공도서관, 문화원, 연수원·수련원, 박물관, 복지관 등 (교육청으로부터 일정 기간 지정받은 기관)
	② 유형	문자해득교육프로그램 지정기관		문자해득교육프로그램 설치·지정 기관(11년 지정 시작)
		성인문해교육지원사업 지정기관		당해연도 성인문해교육 지원사업 선정지원
	③ 유형	평생학습도시		시·군·구 평생학습센터 또는 평생교육 전담부서 등
		국가·지자체 평생학습 추진기구		광역시도청/시·군구청/시도교육청/지역교육청 내 평생학습센터 또는 평생교육 업무담당 부서 등
		평생교육협의회		시·도평생교육협의회, 시·군·구평생교육협의회
	④ 유형	평생교육 관련사업 수행학교		대학평생교육활성화사업, 학교평생교육사업(지역과 함께하는 학교사업, 방과후학교 사업 등) 수행
	⑤ 유형	평생교육시설 신고·인가 기관		유초중등 학교부설/ 학교형태/ 사내대학형태/ 원격대학형태/ 사업장부설/ 시민사회단체부설/ 언론기관부설/ 지식·인력개발 관련 평생교육시설

[표 5-2] 그 밖의 다른 법령

구분		기관유형		예 시
그 밖 의 다 른 법 령	⑥ 유형	평생직업교육학원		학원설립운영등록증 상 평생직업교육학원 형태 등록 여부 확인(학교교과교습학원 형태는 인정 불가)
	⑦ 유형	기관형 교육기관	주민자치기관	시·군·구민회관, 주민자치센터 등
			문화시설기관	도서관, 박물관, 미술관, 과학관, 문화예술교육시설 및 단체 등
			아동관련시설	아동직업훈련시설, 아동복지관, 지역아동(정보)센터 등
			여성관련시설	여성인력개발센터, 여성(복지, 문화)회관 등
			청소년관련시설	청소년지원센터, 청소년수련시설, 청소년문화의집 등
			노인관련시설	노인교실, 노인복지(회)관 등
			장애인관련시설	장애유형별 생활시설, 장애인복지관 등
			다문화가족관련시설	다문화가족지원센터 등
			사회복지시설	종합사회복지관 등
	⑧ 유형	훈련·연수형 교육기관	직업훈련기관	공공직업훈련시설, 지정직업훈련기관 등
			연수기관	공무원연수기관, 일반연수기관 등
	⑨ 유형	시민사회단체형 교육기관	비영리민간단체	전국문해·성인기초교육협의회, 한국평생교육학회 등
			비영리 사(재)단법인	한국평생교육사협회, 한국문해교육협회 등
			청소년단체	한국청소년연맹, 청소년단체협의회 등
			여성단체	여성회, 여성단체협의회 등
			노인단체	대한노인회, 전국노인평생교육, 단체연합회 등
			시민단체	NGO, YMCA, YWCA, 환경운동연합 등
기 타				그 밖의 평생교육을 주된 목적으로 하는 시설 및 단체

제6장
평생교육현장실습 진행과정

제6장 평생교육현장실습 진행과정

1. 현장실습기관에서의 실습 진행과정

(평생교육현장 실습메뉴얼 2009:68~110요약)

1) 현장실습 전 단계

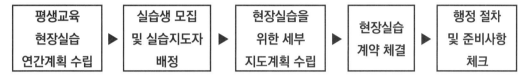

(1) 평생교육 현장실습 연간 계획 수립

 기관의 연간 사업 일정 및 기관 특성에 따른 업무내용에 따라 실습생을 언제 어떻게 모집할 것
인지 등에 대한 "평생교육 현장실습 연간 계획"을 수립하도록 하며, 연간 계획 수립 시에는 다음
과 같은 내용이 포함될 수 있다.
 - 실습의 목적
 - 연간 실습 횟수 및 기간
 - 회차별 실습의 주요 내용
 - 실습생 모집 인원 및 모집 방법
 - 기대효과

(2) 실습생 모집 및 실습지도자 배정

 - 실습생 모집은 기관이 주체가 되어 모집하는 방법과 양성기관의 요청에 따라 실습 여부를 결
   정하는 방법이 있다.
 - 양성기관이 주체가 되어 실습생을 모집할 때에는 기관 홈페이지 및 평생교육과 관련한 주요
   홈페이지에 실습생 모집 안내문을 공지하고, 각 대학에 실습생모집 공문([기관-1] 실습신청의
   뢰서 참조)을 보낸다.
 - 실습지도자는 평생교육사를 우선으로 배정하되, 기관의 팀장급 이상 또는 실무 경력 2년 이상
   등의 실습지도역량을 지닌 자로 배정한다. 이때 실습지도자에게는 실습기간 동안의 업무량에
   대한 수위 조절 등 기관차원의 배려가 필요하다.

(3) 현장실습을 위한 세부 지도계획 수립

 실습지도자는 현장실습에 대한 목표설정, 일감선정, 일정확인 및 단위시간 및 주제에 따른 실습
의 세부계획을 수립하며, 이 과정에서 다음과 같은 내용을 확인할 필요가 있다.

- 실습지원자들의 성별, 연령, 전공, 현장경력 여부 등 개인적인 특성은 어떠한가?
- 실습지도자로서의 역할과 책임은 무엇인가?
- 실습생이 우리 기관에서 경험해야 할 내용은 무엇인가?
- 실습지도를 통해 달성하고자 하는 최종 목표는 무엇인가?
- 목표달성을 위하여 실습지도자로서 세부적으로 무엇을 어떻게 해야 할 것인가?
- 무엇을 어떻게 평가할 것인가?

세부지도계획을 세우고 난 후 그 내용은 지도계획서의 형태로 문서화해 놓도록 한다.

(4) 실습생 확정 및 현장실습계약 체결

① 실습생 모집이 끝난 후, 실습지도자는 실습지원자들과의 면담을 통해 예비 평생교육사로서의 자세와 역량을 확인하여 실습허가 여부와 배치 업무를 최종적으로 판단하고, 그 결과를 해당 대학(또는 해당자)에 통보한다.

② 실습수락을 통보받은 실습생은 실습시기 및 실습지도자 배정, 실습과 관련한 개괄적인 목표 및 실천방안 등을 도출하기 위하여 실습계약을 맺는다. 상황에 따라 현장실습계약은 오리엔테이션 및 전체일정 조정 시기에도 이루어질 수 있다.

③ 실습계약은 실습생이 주어진 실습기간 동안 무엇을 어떻게 해야 할 것인가를 구체화하기 위해 본격적인 실습에 들어가기 전 실습지도자와 실습생이 함께 수행하는 일종의 약속이다.

④ 실습계약의 이점
※ 실습지도자 입장에서의 이점
- 명확한 지도 영역 설정
- 정기적인 피드백을 실습생에게 제공
- 실습지도 시간을 계획적으로 배정하여 운영
- 실습평가 항목개발에 있어 명확한 준거가 있으므로 실습평가 용이

※ 실습생 입장에서의 이점
- 실습목표에 대한 명확한 숙지
- 실습생으로서의 자신의 역할을 분명히 인식
- 정해진 실습목표에 의거해 일관된 실습 진행 과정 경험
- 실습지도자로부터 정기적인 피드백
- 실습 종료 후 실습생이 실습하기 원했던 부분에서 만족감 형성

[표 6-1] 실습계약서(작성예시)

실습계약서

1. 작성일시:

2. 실습기간:

3. 실습생명: (인)

4. 실습지도자명: (인)

5. 양성기관 지도교수명: (인)

6. 실습내용(예시)

실습주제	실습목표성취를 위한 과제	평가내용 및 방법
평생교육사로서 정체감 형성	● 평생교육사로서 나의 강점과 약점을 파악 ● 실습기간 동안 학습한 부분에 대하여 평가서 작성	● 작성 여부
지역사회에 대한 이해	● 지역사회의 사용가능한 자원목록을 작성 ● 기관을 둘러싼 지역사회의 SWOT분석 실시	● 작성 여부
기관구조의 이해	● 기관분석보고서를 작성	● 작성 여부
기관사업과 프로그램의 이해	● 사업계획서를 읽고 각 사업의 특성을 비교 분석 ● 사업을 담당하는 평생교육사와의 면담을 통해 사업 현황과 문제점 파악	● 작성 여부 ● 작성한 내용에 대해 실습지도자와 논의 및 피드백
평생교육사업 및 프로그램 개발과 운영	● 기관에 적합한 프로그램개발 계획서를 작성 ● 현재 운영중인 프로그램 운영과 진행에 참여	● 실시 여부 ● 실시한 내용에 대해 실습지도자와 논의
평생교육 요구조사 및 평가 실시	● 새로운 프로그램 개발 시 요구조사에 참여하여 질문지 개발, 질문지 분석 실시 ● 프로그램 종료 후 평가실시를 위한 평가지 개발, 평가지 분석 실시	● 실시 여부
학습자 및 학습동아리 자문과 상담 수행	● 학습자 및 학습동아리 운영자들과의 비형식적 인터뷰 실시 ● 상담요청 시 상담수행	● 실시 여부 ● 실시한 내용에 대해 실습지도자와 논의
강사 섭외와 관리 및 교육 실시	● 프로그램 준비단계에서 강사섭외활동과 프로그램 진행단계에서 강의 모니터링에 참여	● 실시 여부 ● 실시한 내용에 대해 실습지도자와 논의

※자료: 평생교육현장 실습메뉴얼(2009), 평생교육진흥원, p72.

(5) 행정절차 및 준비사항 체크

[표 6-2] 평생교육 현장실습 전(前)단계에서의 체크리스트

항목	준비 여부
1. 현장실습에 관한 연간계획이 수립되어 있는가?	
2. 현장실습지도계획서가 마련되어 있는가?	
3. 실습생 모집에 따른 행정절차가 완료되었는가?	
4. 실습 진행에 따른 필요서류가 모두 구비되었는가?	
5. 실습 진행 사실을 기관 내 모든 직원들이 알고 있는가?	
6. 실습생을 위한 물리적 환경(책상, 전화, 컴퓨터 등)이 조성되었는가?	
7. 실습생의 명찰이 준비되었는가?	

※자료: 평생교육현장 실습메뉴얼(2009), 평생교육진흥원, p73.

2) 현장실습 초기 단계

오리엔테이션 및 전체일정 조정	▶	실습기관 및 지역사회 이해를 위한 지도	▶	실무자 역할 및 직무 이해를 위한 지도	▶	기관의 주요 업무 지도

(1) 오리엔테이션 및 전체 일정 조정

① 실습의 첫 날 또는 첫 주는 구조화된 오리엔테이션을 제공함으로써, 실습생으로서 실습에 임하는 준비자세를 갖출 수 있도록 돕는다.

실습지도자는 오리엔테이션 진행 시 다음의 내용이 포함될 수 있어야 한다.
- 기관의 비전과 사명, 기본 원칙, 주요 사업 및 현황 등 기관 전반에 관한 소개와 안내
- 실습기간 중 실습생으로서 수행해야 할 주요 역할과 의무
- 복장, 호칭을 포함한 언어예절, 시간관리 등 실습기간 중 실습생 신분으로서 지켜야 할 각종 규칙

② 실습 일정별로 실습내용을 미리 적은 전체일정표를 작성하여 실습생에게 배부한다.
- 일반적으로 전체일정표는 기관에서 작성하지만, 경우에 따라서는 실습계약 체결 시 파악된 실습생의 상황과 여건, 또는 실습생의 의견을 재차 확인하여 조정하기도 한다.
- 실습종결과 동시에 제출해야 할 과제 또는 보고서가 있을 경우, 이에 필요한 절차나 필요 양식 등을 미리 제시하도록 한다.

③ 오리엔테이션 진행에 필요한 내용은 별도의 자료나 책자의 형태로 준비해 두고, 필요에 따라 관련 동영상 및 안내서, 지침서 등도 사전에 준비하여 두도록 한다.

④ 오리엔테이션 이후에는 실습생을 기관 내 직원들에게 소개시킴으로써 단순한 일용직근로자가 아닌 실습생으로서의 신분에 적합한 대우를 받을 수 있도록 배려한다.

(2) 실습기관 및 지역사회 이해를 위한 지도

실습기관의 활동과 관련된 모든 영역이 자료수집과 관찰의 대상이 되어야 한다. 단, 일관성이나 계획성 없는 자료수집과 관찰을 방지하기 위하여 자료수집과 관찰영역은 기관의 연혁, 사명과 이념, 조직과 운영, 시설환경 등의 내용을 중심으로 구성한다.

(3) 기관 실무자 역할 및 직무 이해를 위한 지도

기관 실무자들의 역할 및 직무에 대한 이해는 다음과 같은 내용을 중심으로 자료를 수집하고 관찰해보도록 지도한다.
- 기관의 조직구성 현황 및 구성원 수
- 조직별 주요 담당 업무 및 기타 협력 관계
- 직원의 특성(성별, 연령, 경력 등)
- 직원의 근무자세(일과, 업무처리방법, 근무태도 등) 및 일상생활(언어, 대인관계, 관심사 등)
- 교육훈련 관련 프로그램의 기획 및 관리 담당자들의 특성
- 실습기관 조직 내에서 자신이 수행하고자 하는 구체적인 역할과 업무

(4) 기관의 주요 업무 지도

기관 내에서 주로 이루어지는 업무의 종류와 성격, 내용 등을 관찰하고 정리해봄으로써, 향후 평생교육사로서 수행해야 할 직무에 대한 분석이 이루어질 수 있다. 따라서 실습지도자는 실습생으로 하여금 실습이 진행되는 동안 기관운영과 업무 추진에 대한 관찰을 토대로 기관의 주요 업무를 분석하도록 지도한다.
- 기관의 주요 사업에 따른 업무의 종류
- 주요 업무별 세부 내용
- 업무별 수행 빈도 및 중요도
- 업무 수행을 위한 실무자 역할

[표 6-3] 실습기관에 대한 이해 워크시트(예시)

기관명	00 평생학습관
위치	서울시 00구 00동
기관연혁	● 2007년 지역평생교육정보센터 지정 ● 2006년 다문화교육센터 지정 ● 2005년 00평생학습관 개원
설립이념	새로운 변화, 미래의 꿈, 고객과 함께하는 00평생학습관
설립주체	00교육청
운영주체	00교육청
기관의 설립 및 운영목적	고객이 만족하는 평생학습 여건 조성
주요 사업내용	● 지역생활과 관련된 사업 : 만남의 장소제공, 생활상담, 조사와 자료수집, 광고활동, 연중행사 ● 생활문화를 제공하는 사업 : 프로그램 개설, 강연회개최, 학습자료제공, 학습방법기술개발 ● 지역연대를 높이는 사업 : 관계기관 단체등과의 연락조절 및 협력, 관계기관 단체시설들과의 연대, 인재발굴과 활용 촉진
시설현황	● 대지면적 26770㎡ / 건물면적 12282㎡ ● 원장실, 평생학습부, 디지털 자료실, 일반자료실, 평생학습실 10, 시청각실, 대강당, 소강당, 열람실
기관이 속한 지역사회의 특성 (인구특성, 지리적 특성, 사회적 제반문제, 행정기관의 의지와 중점 추진방향 등)	● 00 평생학습관은 00시 00구 00동에 위치하고 있음. 00구는 대도시이지만 복지낙후 지역이라는 오명을 가지고 있기도 함. 따라서 전문화된 교육서비스를 제공할 기관이 타 지역보다 적은 것이 사실임. 지역사회 자체 내의 교육서비스의 부족은 지역사회의 주민들의 삶의 질 향상에 큰 문제가 될 수 있기 때문에 평생학습관의 역할이 매우 크게 작용함.
지역내 타기관들과의 연계	● 00 평생학습관은 00다문화센터, 00실버센터 등 2개 기관을 운영하고 있음. ● 그 외에도 거주 지역 내에 있는 정신보건센터, 사회복지시설, 학교 평생교육운영위원회 등과 연계하는 등 지역사회기관들과 연계운영하고 있음.

※자료: 평생교육현장 실습메뉴얼(2009), 평생교육진흥원, p75~76.

[표 6-4] 기관실무자들의 역할 및 직무 이해 워크시트(예시)

● 기관 내 직원 수의 현황

  - 직원 수 8명

● 기관 내 조직구성의 현황(담당업무 및 기타 협력관계)

  - ○○○부장

  - ○○○(평생학습부 총괄)

  - ○○○(다문화 교육 담당)

  - ○○○(부서 내 총무 역할 및 문해교실 운영)

● 기관 내 직원의 근무자세(일과, 업무처리방법, 근무태도 등)

  - 성실한 업무태도로 정확하게 자신의 업무를 처리해내고 있었으며, 각자 맡은 역할을 잘 수행함.

  - 하지만 부서 내에 다문화 교육과 평생교육이 함께 운영되고 있지만 두 업무의 교류가 잘 이루어지지 않아 기관을 찾아오거나 전화 상담을 요청하는 학습자들의 불편함을 초래하고 있었음.

  - 자신의 업무 이외에 다른 부서에서 진행되는 평생교육사업에 대한 이해와 관심이 없고, 정보 공유에 대한 직원들의 인식이 매우 낮은 상황임.

● 교육훈련 관련 프로그램의 기획 및 관리 담당자들의 특성

  - 직위, 성명, 담당 프로그램, 임무의 공식성/비공식성, 교육 프로그램과 관련된 과업 등

  - ○○○실장 : 평생교육부 총괄 / 공식적 업무

  - ○○○선생님 : 평생교육 담당(프로그램기획부터 실행, 평가활동 포함) / 공식적업무 / 자원봉사자 관리 / 비공식적 업무

  - ○○○선생님 : 부서 내 총무 / 비공식적 업무 / 다문화 및 문해교실 운영 / 공식적업무

● 실습기관 조직 내에서 자신이 수행하고자 하는 구체적인 역할과 업무

  - 평생교육 여름방학 특강 프로그램 준비 및 실질적인 운영 보조

  - 후반기 프로그램 개발을 위한 요구조사 설문지 개발에 참여

  - 설문조사 코딩작업 실시

[표 6-5] 현장실습 초기 단계에서의 체크리스트

항목	준비 여부
1. 오리엔테이션 진행을 위한 자료가 안내문이나 책자의 형태로 잘 준비되어 있는가?	
2. 실습을 위한 전체일정표가 작성되어 있는가?	
3. 실습계약서가 준비되어 있는가?	
4. 기관 및 지역사회 분석을 위한 자료와 워그시트기 준비되어 있는기?	
5. 실습생의 개인적 특성 및 요구를 파악했는가?	

3) 현장실습 중간 단계

평생교육사 직무에 따른 담당 실무업무 지도	▶	담당 실습업무 점검 및 중간 평가

(1) 평생교육사 직무에 따른 담당 실습업무 지도

담당 실습업무와 관련하여 실습지도자는 실습생으로 하여금 자신이 담당하게 된 업무 개요 작성 및 구체적인 일감목록을 작성하게 함으로써, 실습생 스스로 자신의 역할을 찾을 수 있는 기회를 제공해야 한다.

① 행사 기획에 대한 이해: 기관에서 진행되고 있는 각종 행사들은 기관의 특성과 이념, 운영방침을 보여주는 대표적인 프로그램이므로, 이에 대한 이해는 기관 파악의 기초자료가 된다.

② 기관의 네트워크 현황 분석: 기관이 외부환경과 어떠한 관계를 맺고 있으며, 그러한 관계 속에서 기회요소와 위험요소는 무엇이고, 내부자원으로는 어떠한 것들을 보유하고 있는지를 분석해 봄으로써 기관의 현재와 미래를 예측해 보도록 지도한다.

[표 6-6] 기관의 네트워크 현황 분석 워크시트(예시)

유관기관과의 물적 자원 네트워크 현황	
시설활용	● 00 기관의 강의실 및 행사장 사용으로 인하여 지역사회 내 시설간의 특별한 네트워크는 이루어지고 있지 않았음
기자재	● 기관 자체의 기자재 활용
재정적 지원	● 00 시청의 평생교육 운영 사업비 지원받음 ● 00 교육청의 평생교육 운영 사업비 지원받음
유관기관과의 인적 자원 네트워크 현황	
강사	● 00교육청 소속의 금빛 봉사단을 000활성화사업의 강사로 활용하기 위하여 인적자원 지원받음 ● 00지역정보센터의 강사인력뱅크에 등록된 강사인력풀을 지원 받아 본 프로그램의 강사로 활용하고 있음
자원봉사자	● 00대학교의 평생교육원으로부터 노인교육지도자 양성과정 출신의 자원봉사자 명단을 지원받아 프로그램 운영 보조강사로 활용하고 있음
실무자들 간의 네트워크	● 대한노인회 00시지부 회장과 담당간사와의 네트워크 활용 : 대한노인회 00시지부 및 지회 경로당을 대상으로 한 공문발송 및 추천을 실시, 학습자 모집 있어서 실질적 지원을 받고 있었음 ● 지역 보건소와 연계하여 프로그램 지원 받음 ● 00시청 담당직원들의 협조를 통하여 학습자 모집에 도움을 받고 있음

※자료: 평생교육현장 실습메뉴얼(2009), 평생교육진흥원, p.80.

③ 기관의 사업과 프로그램 체험하기: 대부분의 평생교육기관에서는 특정기간을 이용하여 특성화 사업 내지는 이벤트 프로그램을 기획하여 운영하는 경우가 많다.

④ 프로그램 평가계획 및 실시 상황 분석: 기관의 프로그램 평가실시 여부와 계획 등은 기관운영의 마지막 단계로서 기관 이해를 위해 간과할 수 없는 과정이므로, 프로그램평가가 어떤 계획 하에 어떻게 실시되고 있는지 살펴보도록 지도한다.

④ 프로그램 모니터링과 분석: 프로그램 모니터링 작업은 빠른 시간 내에 기관의 프로그램을 이해하게 할 뿐만 아니라, 프로그램 기획과 운영에 있어 새로운 비전을 찾도록 도와주는 과정이다. 프로그램의 종류와 운영실태, 강사의 강의법, 학습자의 분위기, 기관 내 실무자들의 분위기와 프로그램 운영에 대한 지원시스템 등 다양한 측면에서 모니터링을 실시하는 것이 필요하다.

⑤ 학습자 분석 : 실습기관을 주로 찾는 학습자들이 어떤 성향의 사람들이며, 각각의 프로그램에 따른 학습 분위기와 특성이 어떠한지를 분석함으로써, 현재 진행되고 있는 프로그램 운영상의 문제점 및 향후 발생할 수 있는 다양한 문제 상황 등에 대한 해결책을 생각해 보도록 지도한다.

⑥ 학습자 상담 및 학습동아리 자문: 실습기관에서 학습자 및 학습동아리에 대한 상담활동을 어떻게 실시하고 있는지 관찰하게 하고, 실제 상담과정 및 상호작용 활동에 참여 할 수 있는 기회를 제공해 준다. 이를 통해 학습자 상담 및 학습동아리 자문 활동 시 어떤 능력이 요구되는지 분석하고, 이와 관련하여 실습생 자신에게 부족한 점이 무엇인지 등에 대하여 반성하는 시간을 가져볼 수 있도록 한다.

⑦ 홍보전략 개발과 분석: 프로그램 홍보는 선행되어진 프로그램 개발과정의 효과를 최대한으로 끌어올리는 데 필요한 과정이다. 홍보의 원칙, 기법 등을 활용하여 홍보 대상 집단 확인, 홍보 카피 및 홍보방법 선정, 관련 예산의 책정, 홍보 일정 등이 포함된 구체적 홍보 전략을 수립해 볼 수 있는 기회를 제공함으로써 체계적인 홍보의 방법과 노하우를 익힐 수 있도록 지도한다.

[표 6-7] 프로그램 평가계획 및 실시과정 워크시트(예시)

항목	관찰 및 자료수집 내용
프로그램 평가 실시여부와 실시현황	● 프로그램 중간평가와 종료 후 최종평가 실시 ● 중간평가의 유형 : 강사대상의 인터뷰와 학습자 집단을 대상으로 한 비형식적 인터뷰, 강의 모니터링 ● 최종평가 : 프로그램 만족도 조사 실시 – 00 프로그램 : 00월 00일 실시 – 00 프로그램 : 00월 00일 실시 – 00 프로그램 : 00월 00일 실시
프로그램 평가 계획	● 프로그램 중간평가 계획 – 강의 모니터링 담당자 선정, 투입 – 학습 분위기 점검을 위한 강사 인터뷰 – 학습자들 간의 비형식적 인터뷰 실시 : 수업전후 ● 프로그램 최종평가 계획 – 만족도 조사방법 선택(설문지형태와 비형식적 인터뷰) – 만족도 조사지 개발 – 만족도 조사 실시 일자 확정 : 00월00일 – 만족도 조사 실시 담당자 역할분담

※자료: 평생교육현장 실습메뉴얼(2009), 평생교육진흥원, p.81.

[표 6-8] 학습자 상담 분석 워크시트

강좌명 : ○○○	학습자명 : ○○○
학습자의 개인적 특성	논리적, 완벽주의, 신중한 성격의 학습자
학습자의 불만요인분석 (담당직원, 교수자, 강의내용 및 방식 , 교육지원 등에 대한 불만)	● 강사의 전문성에 대한 의심을 제기함 : 서투른 강의내용과 진행방식 ● 교육지원 : 담당자의 강의모니터링이 이루어지지 않고 있음을 지적/필요한 때에 적절한 교수지원이 이루어지지 않음을 지적 ● 셔틀버스 운행을 희망함
학습자의 학습수준이 진전되지 못하는 요인	● 학습자의 기대수준이 매우 높아 현재 진행되고 있는 강의에 만족도가 낮음 ● 계속해서 새로운 수강자가 중간에 들어오기 때문에 강의내용의 진전이 어려움을 호소 ● 다음 강의 시간까지의 텀이 너무 김
교수자와 학습자간의 상호작용의 정도와 만족도	● 학습자들 간의 상호작용은 원만해 보이나 교수자와의 상호작용에는 어려움을 호소함
문제점에 대한 대처방안	● 강사 오리엔테이션 실시 때 강의진행 주의사항과 학습자 관리에 대한 주의사항 교육 ● 셔틀버스 운행 방안에 대해 검토해봄으로써 접근성을 높일 수 있도록 함 ● 실무자들의 강의 모니터링 실시

※자료: 평생교육현장 실습메뉴얼(2009), 평생교육진흥원, p.84

[표 6-9] 프로그램 모니터링과 분석에 관한 워크시트(예시)

참관일:	강의명:						강사명:
항목	질문내용	5	4	3	2	1	comment
내용구성	강의 안내 여부		O				
	강의 내용에 대한 호기심 유발		O				
	강의 방식의 적절성			O			
	강의 속도			O			
강의 전개	강의의 시작과 끝맺음의 여부			O			
	수업의 소수 집중 여부			O			
	강의의 열의		O				
기자재 사용	기자재 다룸의 숙련도				O		
	강의 내용에 적절한 기자재 선택 여부		O				
	악센트 효과		O				
학생들과의 관계	학생들의 의사 존중		O				
	학생들의 참여 기회 제공			O			
	질문 시간 제공					O	
	질문에 대한 대답의 성실도				O		
	학생의 잘잘못에 대한 반응				O		
	학생과의 적절한 친밀감 유지			O			
몸동작	시선 처리		O				
	서 있는 자리의 유동성		O				
	주의집중을 끌어내기 위한 동작			O			
목소리	성량의 크기			O			
	말하는 속도				O		
	발음의 정확도			O			

강사의 최대 강점(장점): 강의의 내용 구성에 대한 전문성과 열정이 높음

강사의 최대 약점(단점): 학생들과의 관계형성과 유지에 유연성과 전문성이 떨어짐

※자료: 평생교육현장 실습메뉴얼(2009), 평생교육진흥원, p.82

[표 6-10] 학습자 성향과 특성 파악을 위한 워크시트(예시)

학습자명 (익명가능):		수강강좌:					
번호	질문내용	5	4	3	2	1	comment
1	강좌의 초기계획에 따른 체계적 진행				O		
2	학습내용의 양과 수준의 적합성				O		
3	강사의 수업진행 능숙함					O	강사의 전문성 부족
4	강사의 수업시간 약속수행 여부				O		상습적으로 강의에 지각
5	학습자들의 수업시간 약속수행 여부			O			
6	수강한 강좌의 강의방법 적절성				O		
7	수강한 강좌의 실용성의 정도			O			
8	수강한 강좌의 교육시설의 적합성 여부				O		
9	수강한 강좌의 내용과 홍보 내용과의 일치도			O			
10	본 강좌의 재등록 의향				O		
11	수강한 강좌에의 적극적 참여의 정도			O			
12	수강한 강좌에 대한 전반적인 만족도				O		
13	수강한 강좌의 개선사항:	비고: 교육시설을 보다 적절한 곳으로 세팅할 필요가 있음. 강사섭외 시 강사의 전문성을 좀 더 고려할 필요가 있음					

※자료: 평생교육현장 실습메뉴얼(2009), 평생교육진흥원, p.83

[표 6-11] 홍보전략 개발 및 분석 워크시트(예시)

구 분	내 용	
프로그램명	저소득층 아동 방과 후 교실	
교육목표	저소득층 아동을 대상으로 방과 후 교실을 제공하여 기초학습능력을 향상시키고자 함	
목표학습자	저소득층 아동	
홍보방법	리플릿 등의 홍보물 제작, 사업설명회 1회 실시, 12개동 반상회 참석 사업소개, 학교 담당자 대상의 사업설명회	
예산	50만원	
홍보 스케줄	일정	활동
	4주전	학교담당자 대상의 사업설명회 실시 리플릿 제작 및 보급 이메일로 사업소개
	3주전	반상회 참석 사업소개 및 협조 부탁
	2주전	홈페이지 게시판 이메일로 사업소개
	1주전	신청자 및 관련기관 담당자 전화오리엔테이션 및 상담

※자료: 평생교육현장 실습메뉴얼(2009), 평생교육진흥원, p.85

- 강사 선정과 오리엔테이션 : 기관에서 아무리 우수한 프로그램을 개발한다고 할지라도 이를 가르칠 강사를 적절하게 섭외하고 관리하지 못한다면 좋은 결과를 기대할 수 없다. 따라서 강사 섭외 및 교육(오리엔테이션), 관리·평가 등의 일련의 과정을 관찰 할 수 있는 기회를 제공한다.

- 모의 프로그램 기획하기 : 실습생이 실습과정을 통하여 기관특성과 운영 프로그램 특성, 문제점 및 보완점 등의 파악과정을 거친 후, 향후 기관에서 필요로 할 것으로 예상되는 프로그램을 만들어볼 수 있는 기회를 제공한다. 새로운 프로그램 개발은 다음과 같은 과정으로 이뤄진다.

① 새로운 프로그램 개발의 필요성 확인
- 새로운 프로그램을 개발하기 위해서는 실시하고자 하는 프로그램의 주제와 필요성, 목적을 명료화하고, 이와 유사한 프로그램이 타 기관에서 어떤 형태로 진행되고 있는지에 대한 특성 파악이 요구된다.

② 기존 프로그램에 대한 분석
- 기존 프로그램을 개선할 경우, 기존 프로그램의 특성과 문제점을 분석하고, 개선이 필요한 이유, 그리고 개선 시 비교준거가 될 타 기관의 프로그램에 대한 분석이 요구된다.

③ 학습자 요구분석
- 성공적인 프로그램 개발을 위해서 학습자의 요구분석이 반드시 선행되어야 한다. 구체적이고 체계적인 학습자 요구분석을 통해 프로그램 목표와 내용을 구성해야 한다.

④ 프로그램의 목표설정과 내용 구성
- 개발하고자 하는 프로그램을 통해서 어떠한 성과를 얻길 바라는지에 관한 목표설정과 명료화 작업이 요구된다. 그리고 이를 바탕으로 구체적인 교수계획이 세워져야 한다.

⑤ 홍보계획
- 적절한 수의 수강자를 모으기 위한 마케팅과 홍보 전략을 수립해야 한다. 기타 다음의 내용에 관한 지도도 수시로 진행되어야 한다.
- 공문서 등 작성 및 처리에 대한 지도 : 현재 기관에서 활용되고 있는 공문서의 종류와 결재 방법, 각종 기안문 작성 요령에 대해 요약 정리해보도록 한다.
- 전화 응대 및 상담에 대한 지도 : 기관 내외부로부터의 전화 문의 및 상담에 관한 기본응대방법을 익힐 수 있도록 돕는다.

(2) 담당 실습업무 점검 및 중간평가

실습업무 지도과정 중 실습지도자는 다음의 사항을 수시로 체크해야 한다.

- 예비 평생교육사로서의 업무능력 향상에 도움을 줄 수 있는 업무인가?
- 실습계약의 내용이 반영된 업무인가?
- 실습생이 감당할 수 있을 만큼의 업무인가?
- 실습내용 중 필수 실습내용(프로그램 기획 등)이 포함되어 있는가?
- 잡무 위주의 업무가 아닌가?
- 실습생의 업무 수행과정에 실습지도자 및 업무 관련 담당직원들이 충분한 도움과 피드백을 제공하고 있는가?

- 담당 실습업무가 어느 정도 마무리될 즈음에 실습지도자는 실습생의 실습일지, 실습생의 실습 업무별로 기록한 워크시트들을 중심으로 전문적인 조언과 자문을 수행하도록 한다.

- 실습일지에 제시된 실습생의 의견, 건의사항이나 의문점 등에 대해 실습일지의 실습지도자란 에 간단한 답변을 적어 넣을 수도 있고, 필요한 경우 상황이나 실습내용에 따라서 구두로 답변 을 제공할 수도 있다.

- 실습생이 실습 업무별로 기록한 워크시트들을 중심으로 워크시트에 실습지도자 자신의 의견을 적거나 구두로 실습생에게 자문을 제공할 수도 있다.

- 실습지도자와 실습생이 별도의 평가회를 마련하여 그 동안 진행되어 왔던 전체 실습과정에 대 해서 조망해 보는 시간을 가지는 방법도 있다. 즉 실습생은 의문이 들었던 점과 건의사항 등을, 실습지도자는 실습의 진행과정 전체에 대해 향후 교정이 필요한 부분과 잘했던 부분들에 대해 의견을 서로 교환하는 시간을 갖도록 한다.

[표 6-12] 평생교육 현장실습 중간단계에서의 체크리스트

항　　목	준비 여부
1. 예비 평생교육사로서 반드시 경험해야 할 직무에 대한 지도가 이루어지고 있는가?	
2. 실습의 전체일정표에 따라 진행되고 있는가?	
3. 실습지도를 위한 실습생과의 정기적인 만남(예 : 주 ○회 ○시간)의 시간이 정해져 있는가?	
4. 실습생간의 관계가 원만한가?	
5. 전반적인 실습 수행과정에서의 적절한 피드백이 이루어지고 있는가?	
6. 실습일지에 대한 정기적인 점검 및 조언 활동이 이루어지고 있는가?	
7. 중간평가서가 준비되어 있는가?	

※자료: 평생교육현장 실습메뉴얼(2009), 평생교육진흥원, p.87.

4) 현장실습 평가 단계

 실습생은 4주간 실습을 통해 배운 것과 함께, 실습생의 관점에서의 실습지도자 및 실습기관을 평가한다. 한편, 실습지도자는 기관입장에서는 실습생의 실습수행정도를 체계적이고 구조화된 상호과정을 토대로 평가한다.

(1) 실습생 자기평가

실습생은 향후 어쩐 점을 어떻게 극복해 나갈 것인가에 초점을 둔다.

[표 6-13] 실습생 자기평가 워크시트(예시)

항목	주요 기술내용
소속부서에서의 업무보조를 통해 배운 것	[참고] 소속된 부서의 실무자들과 보조를 맞추어 실습을 진행해가면서 배우고 느낀 점을 중심으로 기술한다. ● 자료준비, 좌석배치, 강사섭외는 어떻게 해야 하는지, 그리고 평가는 어떻게 하는지 등 학교에서 이론적으로 배웠던 것을 현장에서 체험하는 좋은 시간을 가질 수 있었다. ● 특강, 프로그램을 준비하는 과정에서 평생교육사의 직무에 대한 보다 자세한 이해를 할 수 있었다. ● 학습자 응대 시 상대방으로 하여금 불만을 제기하지 않으면서 민원을 효과적으로 처리하는 방법에 대해 다양한 형태로 체험, 습득하는 기회를 가졌다. ● 프로그램 참관을 통하여 분석 보고서 작성 요령을 배웠으며, 기관에서의 실질적인 공문서 작성법을 배울 수 있는 좋은 기회를 가졌다.
프로젝트 수행을 통해 배운 것	[참고] 실습지도자와 협의하여 단기간 진행되는 프로젝트를 수행하거나 프로그램에 참여했을 수 있다. 이 과정에서 배우고 느낀 점을 기술하도록 한다. ● 프로그램 홍보 관련 업무를 담당하면서, 프로그램을 기획하고, 운영하는 업무만큼이나 홍보가 중요한 활동임을 깨닫게 되었다. ● 행사 진행 시 악천후로 학습자들의 참여율이 떨어질까 노심초사하는 과정을 통하여 프로그램을 진행하는 실무자의 마음과 자세를 이해할 수 있었다. ● 강사섭외의 어려움과 중요도를 깨닫게 되었으며, 교육 장소에서 강사가 강의에 몰입할 수 있도록 실무자가 해야 할 중요한 역할을 배우는 기회를 가졌다. ● 중요한 행사의 경우, 자리(의자) 배치가 매우 중요한 준비 작업이며, 상황에 맞게 유연성 있게 대처해야 하는 방법에 대해 습득할 수 있었다. ● 보고서 작성에 대해 학교에서 배웠으나 실질적인 경험은 부족하였다. 이번 기회를 통하여 현장에서 사업비 확보를 위해 보고서 작성을 하는 과정에 참여함으로써 보다 효과적인 보고서 작성의 노하우를 배울 수 있었다.

(2) 실습현장평가

실습현장평가는 실습생이 '실습현장평가서'를 활용하여 실습현장에 대한 평가를 하는 것으로 실습일정, 실습내용 및 역할, 실습에 대한 기대감, 만족도, 이해도, 현실성, 지도자와의 의사소통 활성화 정도 등을 평가하게 된다. 여기에는 실습생이 실습지도자를 평가하는 것도 포함된다.

[표 6-14] 실습현장평가 워크시트(작성예시)

항목	주요 기술내용
현장실습의 목표달성 정도	● 현장에서의 실무능력을 익히고, 실무자로서의 자질을 점검해보고자 했던 초기의 실습목표를 달성하여 매우 만족한다.
실습생에게 필요한 교육제공의 정도	● 실습초기에 기관에 대한 오리엔테이션을 실시하였다. 이러한 교육의 제공은 실습생의 입장에서 기관 내 전체 업무 및 기관 전반에 대한 이해를 돕는데 매우 필요한 것이었다고 생각한다. ● 다양한 프로그램에 참여하고 참관해봄으로써, 현장에 대한 실질적인 이해를 얻을 수 있었다. ● 회의참석을 통하여 실무자의 직무수행에 대한 전반적인 이해를 도와주었다.
실습과정의 장점 및 특이점	● 여러 분야에서 다양한 실무경험을 할 수 있어서 매우 좋았다. 특히 평생교육사업기관으로 지역의 특성화사업 기획과 운영에 참여해봄으로써 지역에 대한 이해와 더불어 지역에 적합한 평생교육프로그램 개발이 무엇인지를 배울 수 있는 좋은 기회를 가졌다. ● 청소년 대상의 프로그램을 기획하고 운영하는 과정을 통하여 청소년들과의 공감대 형성과 그들의 문화를 이해하는 좋은 기회를 가질 수 있었다. 청소년을 위한 프로그램을 준비하고 운영하는 과정을 통하여 향후 졸업 후 나의 미래의 모습을 그려볼 수 있어서 매우 행복하였다.
기타 실습과정 운영상의 개선사항	● 업무가 미숙한 담당자가 실습지도를 담당하여 초반에 업무 파악과 습득에 어려움을 겪었다. 실습지도를 담당하는 담당자는 적어도 업무 경력이 2년 이상, 해당기관에 1년 이상 재직한 자로 자격을 주는 것이 필요할 것 같다. ● 담당 실무자들의 수에 비해 기관의 업무가 너무 많아 실습생들이 그 부분을 메우는 역할을 해야 하였다. 업무나 기관에 대한 정확한 이해 없이 기관의주요 업무를 담당하다보니 당황스러운 경우가 종종 있었다. 보다 효과적인 업무 **수**행을 위해서는 업무 및 기관에 대한 정확한 오리엔테이션이 사전에 제시되어야 할 것이다.

※자료: 평생교육현장 실습메뉴얼(2009), 평생교육진흥원, p.90.

(3) 실습생 평가

- 실습생의 간략한 보고와 평가, 목표성취정도, 실습을 통해 배운 점, 그리고 기관에 대한 제안 등을 발표하고 현장의 선배로서 직원들이 실습생에게 도움이 될 만한 조언과 평가를 겸하는 시간을 갖는다.

- 실습생은 실습을 마치게 되면서 최종적인 평가보고서를 기관에 제출한다. 이를 통해 기관의 운영적인 측면과 프로그램 실습의 측면에서의 다각적인 시각에서의 관점을 정리할 수 있는 기회를 갖는다. 최종평가보고서는 최종 평가일에 제출, 발표하게 되며 실습지도자와 다른 실무자들의 실습 피드백을 받는 자료로 사용된다.

- 실습지도자는 최종적으로 실습프로그램 전체 및 특정 학습활동을 비롯하여 실습생이 실습지도 기간 동안 보여주었던 태도와 행동을 기준으로 평가한다. 평가결과인 현장실습평가서는 양성기관 행정담당자에게 송부한다.

[표 6-15] 평생교육 현장실습 종결 및 평가 단계에서의 체크리스트

항　　목	준비 여부
1. 실습평가를 위한 별도의 평가회를 마련하였는가?	
2. 평가회를 통하여 실습활동에 대한 피드백과 향후 비전에 대한 지도가 이루어졌는가?	
3. 평가회를 통해 제시된 실습생의 의견을 향후 반영할 준비가 되어있는가?	
4. 실습평가 관련 서류(실습생 평가서, 평생교육 현장실습평가서, 최종평가보고서)가 준비되어 있는가?	
5. 양성기관 발송용 실습평가서가 준비되어 있는가?	

※자료: 평생교육현장 실습메뉴얼(2009), 평생교육진흥원, p.91

그림 6-1 평생교육 실무 실습업무 처리절차. 예일평생교육원 자료제공

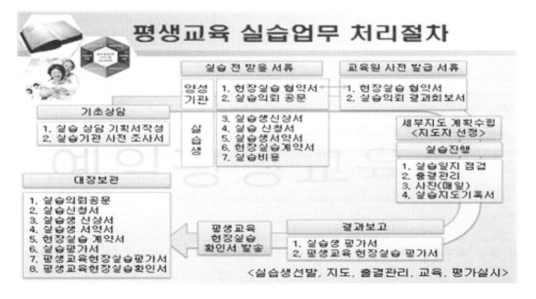

2. 평생교육사 양성기관에서의 실습 진행과정

| 현장실습 전단계 | — | 1) 현장실습을 위한 양성기관 오리엔테이션
2) 실습기관 선정
3) 현장실습계약 체결 |

| 현장실습 진행단계 | — | 4) 실습지도교수의 관리(supervision) |

| 현장실습 평가단계 | — | 5) 실습평가회 실시
6) 향후 비전설정 지도
7) 실습과목 성적산출 |

※자료: 평생교육현장 실습메뉴얼(2009), 평생교육진흥원, p.92.

1) 현장실습 전 단계

(1) 현장실습을 위한 양성기관 오리엔테이션

가. 실습생의 역할과 임무 안내

실습지도교수는 평생교육 현장에서 담당하게 될 다양한 직무를 이해하고 익히는데 앞서 실습생으로서 실습을 왜, 어떻게 해야 하는가에 대한 기본자세와 마음가짐을 가질 수 있도록 지도해야 한다. 특히, 현장에서 평생교육사가 해야 할 일감을 구분해 내고, 그 일을 중심으로 사고하며 실천하는 자세를 기를 수 있도록 지도해야 한다.

나. 실습 사전준비

① 자신의 관심영역에 대한 성찰

자신이 어떤 영역에 특히 관심을 가지고 있는지, 그리고 실습을 마친 후 어떤 기관으로 취업을 희망하는지를 우선적으로 고려해 본 후, 이와 관련성 있는 기관으로 선정해야 한다.

② 실습기관에 대한 정보수집 및 정리

자신의 관심영역에 대한 분석이 끝나면, 이와 관련 있는 기관의 정보를 수집하고 정리하는 작업이 이루어져야 한다. 해당 기관이 어느 지역에 위치하고 있으며, 어떤 유형으로 운영되고 있는지, 기관 특성은 무엇인지 등에 대하여 조사하는 작업이 이루어져야 한다.

무엇을 배울 것인가에 대한 학습목록 작성

실습에 들어가기에 앞서 실습과정 동안 무엇을 배우고 싶은지, 그리고 현재 자신의 상태를 고려해 볼 때, 좀 더 배워야 할 것들이 무엇인지 등을 정리하는 학습목록을 작성해 보도록 지도해야 한다.

다. 실습목표 설정

현장실습에 대한 자기진단과 목표 세우기

- 현장실습에 대해 알고 있는 것은 무엇인가?
 (현장실습에 왜 참여해야 하는지 그 필요성에 대한 자신의 생각을 정리한다)
- 현장실습을 하고자 하는 기관은 어떤 유형의 기관인가 ?
- 현장실습을 통해 무엇을 얻을 것이라고 기대하는가?
(실습을 통하여 궁극적으로 무엇을 얻으려고 하는지를 기술한다)

실습생로서 자신이 왜 실습에 참여하고자 하는지, 실습을 통하여 궁극적으로 무엇을 얻으려고 하는지, 그리고 그것을 달성하기 위해서 어떻게 해야 하는지에 대한 보다 명확한 방향을 제시해줄 수 있다.

[표 6-16] 현장실습에 관한 자기진단 및 목표세우기(예시)

▣ **현장실습에 대해 알고 있는 것은 무엇인가?**
● 자신이 전공하는 영역에서 평생교육사로서 수행해야 하는 업무를 현장에서 직접 체험하면서 익히는 과정을 현장실습이라고 생각한다. 이 과정을 통해서 평생교육사로서 요구되는 전문적 능력을 배우고 확인하는 작업이 이루어져야 한다고 생각한다.

▣ **실습기관 선택 이유**
● 평생교육의 다양한 영역 중에서도 특히 청소년 영역에 관심을 많이 가지고 있었다. 그래서 이번 현장실습을 청소년 수련원에서 실시해봄으로써 청소년 교육의 현장을 보다 가까이에서 보고 이해할 수 있기를 바란다.
● 이러한 과정이 졸업 후 취업의 방향을 결정하는데 큰 도움을 줄 수 있을 것이라고 기대한다.

▣ **실습기관에 대해 알고 있는 것**
● 00청소년수련원은 국내에서 운영되고 있는 국립청소년수련원으로 대표적인 기관으로서, 해마다 청소년지도사를 연수하는 과정에서부터 다양한 청소년교육프로그램을 기획하고 운영하고 있는 곳으로 알고 있다.
● 청소년수련원 프로그램을 폭넓게 그리고 가장 효과적으로 이해하기 위해서는 본 기관에서의 현장실습이 많은 도움이 될 것이라고 생각한다.

▣ **현장실습을 통해 무엇을 얻을 것으로 기대하는가?**
● 현장실습과정을 통하여 평생교육사로서 전문적 자질과 태도를 배우고 싶다. 또한 앞으로 평생교육사로서의 삶을 살아가야할 지에 대한 방향을 정립하는 기회를 갖고 싶다.

라. 실습보고 유형별 특성 지도

① 구두에 의한 보고인 경우

- 지시, 명령을 받은 상관에게 보고한다.

- 시간을 적절하게 맞추어 보고한다.

- 결론을 먼저 보고한다.

- 요점만을 요령 있게 보고한다.

② 문서(실습일지)에 의한 보고인 경우

- 문장은 간략하게 한다.

- 틀린 글자나 빠진 내용이 없는지를 확인하고, 정자로 가능한 한 분명하게 기록한다.

- 문서제출의 기한을 엄수한다(실습일지는 매일의 보고를 원칙으로 하며, 실습이 시작되는 시간 전에 실습지도자에게 제출)

마. 실습 자세와 태도(예절) 지도

실습지도 교수는 실습생들이 실습에 임하기에 앞서 실습기관에서 취해야 할 기본자세와 태도를 익힐 수 있도록 지도해야 한다.

① 실습기관 내에서 취해야 할 기본자세

㉠ 적극적인 자세

실습부서에서 일을 맡게 되면 그 일에 대해서는 최선을 다 해야 하고, 깔끔하게 일을 처리해야 한다. 일을 하되 모르는 것이 있을 때에는 문의하면서 제대로 일을 하는 것이 중요하다. 또한 남는 시간을 활용하여 다른 일들이 어떻게 처리되는가를 예의주시하고, 그 일에 조력할 수 있는 적극적인 자세와 마인드가 필요하다 .

㉡ 배우는 자세

실습 지도자가 알려주는 것에만 머무르지 않고 스스로 더 배우고 익혀야 할 것들을 점검해 보고, 이를 위해 노력하는 자세를 취해야 한다.

㉢ 친밀감 형성

기관 내 실무자들과의 원만한 인간관계를 형성하는 것이 중요하다. 이를 위해서는 우선 이들과 친밀감을 형성하는 것이 요구되며, 이 때 현장에서 관습적으로 지키는 규칙을 빨리 익히는 것이 가장 효과적이다.

② 실습생 준수사항

- 실습기간 중 모든 실습내용은 실습기관의 내부규정과 규칙에 따라 운영된다.

- 실습기관의 모든 내규를 잘 숙지하여 위반하는 일이 없도록 한다.

- 기관의 생활이나 내부사항을 기관 외 사람에게 말하지 않도록 하며, 대외적으로 비밀을 지킨다.

- 실습기관 또는 실습지도자의 허락을 받지 않은 개인행동은 하지 않도록 하며, 실습기관의 업무에 방해가 되지 않도록 노력한다.
- 근무시간은 실습기관의 근무시간과 동일하게 근무하도록 한다(단, 기관에서 별도의 실습근무시간을 정하고 있는 경우 그에 따르도록 한다).
- 출근한 즉시 출근부에 날인하고, 실습일정에 필요한 모든 준비를 갖춘다.
- 결근, 조퇴, 지각을 하는 경우에는 사전에 실습지도자에게 보고하도록 한다.
- 실습생은 실습기간 중 실습매뉴얼을 항시 지참한다.
- 준전문가로서 품위에 맞는 단정한 복장과 용모를 갖춘다.
- 실습생 간 또는 기관 내 직원들과 항상 존칭을 사용한다.
- 실습생은 기관 내에서 개인의 신분에 대해 정확히 알 수 있도록 이름표를 항시 지참한다.

③ 실습생의 마음가짐 및 태도
- 실습생은 양성기관의 대표성을 가지고 있다는 자부심과 태도로 품위를 유지하고, 최선을 다해 실습에 임해야 한다.
- 실습기관의 방침을 이해하고 스스로 그것에 적응할 수 있도록 노력한다.
- 시설의 직원, 외부인, 기관의 고객에 대해 예의를 지키고 친절한 마음과 자세를 가진다.
- 복장이나 소지품은 화려한 것을 피하도록 하며, 단정하고 검소하며 절제된 생활태도를 보인다.
- 시간 관리를 철저히 하는 등 성실성을 보인다.
- 모든 기록은 정확하고 분명, 간결, 명료화하며, 오자나 탈자 등이 없도록 기록하여 보관함으로써 업무의 신뢰성을 확보한다.
- 이론과 실제를 통합하는 연구 자세를 갖는다.

④ 실습 관련 예절
㉠ 언어예절
　겸손한 자세로 상대의 이야기를 잘 듣는 것이 중요하다. 그리고 상대의 이야기에 알맞은 반응을 해주는 것 또한 잊지 말아야 한다. 실습기관이나 예의를 차려야 하는 장소 등에서는 특히 주의를 기울일 필요가 있다.
- 악의가 포함되어 있는 말을 해서는 안 된다.
- 그 자리에 없는 사람의 악평을 해서는 안 되며 확실하지 않은 것을 단정적으로 말해선 안 된다.
- 경박한 태도로 기관 내에서 떠드는 것은 피해야 한다.
- 정중한 표현을 사용하라. 특히 현장실습과 같이 예의와 격식을 지켜야 하는 경우에는 기관의 관계자들과 대화 시 정중한 표현을 하도록 각별히 주의해야 한다.
- 실습 중에는 긴급한 경우를 제외하고는 사적인 대화나 전화사용은 자제한다.

ⓛ 전화예절

ⓐ 전화응답의 4가지 기본방법
- 정확하게 말한다.
- 요령 있고 간략하게 말한다.
- 기관의 첫 수화, 끝 수화를 익혀서 사용하도록 한다.
- 공손하고 예의바르게 말한다.

ⓑ 전화걸 때 유의사항
- 전화목적에 대해 적절한 준비를 한 후 전화를 건다.
- 조사를 해야 하는 등의 시간이 걸리는 전화일 때는 한번 끊고 다시 건다.
- 첫인사와 함께 먼저 자신과 기관을 소개하고, 고객인 학습자의 상황을 파악한다.
- 친근감 있고 매너 있게 소개하며 전화응대를 한다.
- 통화목적을 이야기하고, 용건은 간략하게 말한다.
- 통화동안 이루어진 내용을 요약, 정리하고 다음 단계를 약속한다.
- 감사의 끝인사를 한다.
- 메모를 부탁할 때에는 상대방의 이름을 확인한다.
- 고객이 끊은 것을 확인 후 조용히 끊는다.

ⓒ 전화 받을 때 유의사항
- 벨이 세 번 울리기 전에 수화기를 받는다.
- 4회 이상 울리고 받을 시는 고객 불편을 공감하는 인사말을 실시한다.
- 기관의 첫수화로 시작하여, 소속과 성명을 말한다.
- 용건을 경청하고 긍정적 맞장구를 표현한다.
- 전화내용을 메모하면서, 중요 사항을 복창 확인한다.
- 자신이 처리 불가능한 전화는 빨리 기관의 직원을 바꿔주는 것이 중요하다.
- 마무리 후에 감사의 끝 인사와 이름을 얘기한다.
- 상대방이 전화를 끊은 후 수화기를 내려놓는다.

ⓒ 인사 예절
ⓐ 인사 시 유의사항
- 인사의 시작은 상대와 눈을 마주치는 것이다.
- 몸을 구부리면서 인사말을 하고 인사말이 끝났을 때 몸을 일으킨다.
- 땅을 보거나 고개만 꾸벅 숙이며 인사해서는 안 된다.
- 상대방을 굽어보는 식으로 인사해서는 안 된다.
- 길을 앞지르면서 인사해서는 안 된다.

ⓡ 시간관리

- 시간 관리를 위한 수첩이나 목록 또는 다이어리(플래너) 등을 이용하여 해야 할 일들을 시간대
  별로 적어두고 실천해 나가도록 한다.
- 일의 중요도와 긴급함의 정도에 따라, A, B, C 등과 같이 자기만의 표기법을 개발한다. 또한 수
  행된 일은 ' ', 미루어진 일은 '→', 불필요해진 일의 경우 '×' 와 같이 활동의 시각화 작업은 시간
  을 보다 효율적으로 관리하는데 도움을 주며, 활동이나 일의 성취를 쉽게 확인할 수 있다는 점
  에서 시간 관리에 대한 동기부여를 제공한다.

ⓜ 복장

복장에 있어서도 예의를 갖추어 단정한 옷차림을 갖추도록 한다. 일반적으로, 실습은 여름학기
방학 동안에 이루어지는 경우가 많다. 이 때, 주의해야 할 것은 실습시의 복장이다. 슬리퍼와 모
자, 반바지, 체육복 차림, 야한 옷차림과 짙은 화장은 실습에 부적합하다.

⑤ 인간관계 형성
㉠ 주변사람부터 잘 챙기기
상대방이 부담스럽지 않게 예의를 갖춰 대화를 시작하는 것이 중요하다.

㉡ 존중감과 호의 표현하기
실습기간 동안 실습생에게 호의적인 사람도 있겠지만, 그렇지 않은 사람도 있을 수 있다. 그런
사람을 나에게 호의적인 사람, 내 사람으로 만들기 위한 실습생 자신의 노력이 필요하다. 누구나
자신의 가치를 인정받기를 원하고 존중받기를 원하기 때문에 나에게 호의적이지 않은 사람에 대
해 좀 더 신경을 써주도록 한다.

㉢ 미소 짓기
얼굴에 미소가 가득한 사람은 그만큼 많은 호감을 얻게 된다. 얼굴을 찡그리고 있는 사람보다는
싱긋 웃어주는 사람에게 말 한마디라도 더 건네게 되는 것은 당연한 일이다.

㉣ 칭찬과 감사의 말을 아끼지 말라
'감사합니다', '고맙습니다', '동감합니다', '좋은 생각입니다'등의 상대방의 장점을 기꺼이 칭찬
해 줄 수 있는 사람이 되도록 해야 한다.

㉤ 비난이나 불평 자제하기
실습 도중 본인의 의사와는 상관없는 일을 담당하게 될 경우가 있다. 이때 일이나 담당자에 대해
비난을 하거나 불평을 할 경우, 인관관계에 문제가 생길 수 있다. 불평과 비난을 자제하는 것은
주위의 사람들의 기분을 좋게 할 뿐만 아니라, 나아가 자신에게는 보다 긍정적으로 말하고 생각
하게 함으로써 다른 사람들로 인한 스트레스를 받지 않게 한다는 점에서 일석삼조의 효과를 가
져다 줄 것이다.

ⓑ 잘못 인정하기

다른 사람의 잘못을 생각하기 전에 자신의 잘못을 돌아볼 수 있는 자세는 성공적인 인간관계 형성에 매우 도움이 될 것이다.

(2) 실습기관 선정

가. 실습기관목록 작성 및 공지

① 실습기관목록 작성을 위한 기관 선정

- 평생교육기관이 사립기관일 경우에는 정확한 명칭을 통하여 평생교육기관으로 허가 · 인가 · 등록된 기관인지를 확인해야 한다.
- 현장실습기관으로서 적절한지 여부를 인터넷이나 전화상으로만 결정하지 말고 현장방문이나 기타 자세한 정보를 통하여 확인한 후 결정해야 한다.
- 자신이 배우고 싶거나 취업하고자 하는 영역의 기관을 선정하도록 한다.
- 자신이 선정한 실습기관이 자신의 성향과 맞는지 확인해야 한다. 예를 들어, 종교나 이념적인 측면에서 기관이 자신의 성향과 맞지 않는다면 중도에 실습을 포기하는 경우도 있다.
- 집에서 통근하는 것이 적당한지 여부를 고려해야 한다.
- 실습기관에서는 기관의 특성을 반영하는 프로그램을 통하여 다양하고 적절한 학습경험을 제공할 수 있어야 한다.
- 실습기관에서는 실습생의 업무수행(실습일지, 보고서, 프로그램 계획서)에 필요한 사무 공간 및 기자재 등을 제공할 수 있어야 하며, 상담 등과 같은 특별한 실습과제의 수행이 필요한 경우에는 이를 위한 공간도 제공할 수 있어야 한다.
- 실습기관의 인력확보 수준은 실습지도자가 실습생의 교육과 지도에 충분한 시간을 할애 할 수 있으며, 실습생에게 기관 업무를 의존하지 않아도 될 정도가 되어야 한다.

② 실습기관목록 작성

- 평생교육 양성기관에서는 실습기관목록 작성을 위한 기관선정을 통해 새로이 선정 혹은 재선정한 기관을 모두 포함하여 해당 학기에 실습이 가능한 실습기관 목록을 작성한 후 각 기관에 대한『실습기관목록(실습기관 소개서, 실습교육 개요 포함)』을 작성한다.

③ 실습기관목록 비치 및 열람

- 평생교육 양성기관에서는 실습기관목록을 작성한 후 실습을 원하는 학생들이 열람하기에 좋은 장소나 학과 홈페이지 등을 활용하여 목록을 비치한다.

④ 실습기관에 대한 실습생의 요구수렴

- 실습기관목록에 작성된 기관 외에서 실습하기를 원하는 학생이 있을 경우 개별 실습기관에 대한 요구를 충분히 수렴할 수 있도록 한다. 이는 지리적 여건 및 향후 취업을 희망하는 기관 등에 실습을 요구하는 경우가 해당될 수 있다.

⑤ 추가 실습기관 가능여부 및 실시여부 확인

- 실습기관목록 외에 실습생의 요구에 의한 추가 실습기관에 대해서『실습기관목록 작성을 위한 기관 선정』단계에서와 같은 절차로 실습이 가능한 여건을 갖추었는지, 실제로 실습을 실시할 의사가 있는지 등에 대한 조사를 실시해야 한다.

⑥ 최종 실습기관목록 작성 및 비치

- 추가 실습기관에 대한 조사가 끝난 후 기존에 작성한 실습기관 목록에 추가 실습기관에 대한 최종 실습기관목록을 작성하여 비치하고 실습 희망 학생들이 열람할 수 있도록 한다.

나. 실습과 관련한 전화 승낙

실습생들이 실습희망기관을 선정하면, 실습생은 실습 승낙을 받기 위하여 기관에 전화를 걸어 기관방문 허락을 받아야 한다. 시간을 절약하기 위해서는 기관방문 전에 전화로 승낙을 얻어내는 방법이 가장 좋지만, 일반적으로 대부분의 기관에서는 실습희망자 면접을 실시한 후에 실습 승낙을 결정하는 경우가 많다.

다. 기관방문 및 견학

① 기관방문 및 견학 시 요령

전화로 방문승낙이 이루어지면, 기관과 실습생 개인의 일정을 고려하여 기관방문 날짜와 약속 시간을 잡는다. 특히, 기관방문 시에는 실습 의사를 분명히 밝히고 실습에 도움을 줄 것을 요청해야 한다. 기관 입장에서 실습을 지도한다는 것은 여러 가지 측면에서 부담이 될 수 있으므로 효과적인 실습을 위해서는 이들의 적극적인 협조의사를 받아내는 것이 매우 중요하다.

실습기관을 방문할 때는 현장실습신청서, 자기소개서, 현장실습협조 의뢰서 등의 서류를 구비하여 방문하며, 다음과 같은 사항을 확인하고 수행할 수 있도록 지도한디.

- 실습생으로서 기관에 대한 인사와 정식으로 지도 요청
- 실습일정과 내용의 사전협의
- 시설의 상황에 대한 개괄적인 확인 및 실습지도 담당자 확인
- 실습에 필요한 물품, 준비해야 할 사항 확인
- 실습 시 복장과 식사(기관의 급식비 제공 여부) 확인
- 실습 시 소요되는 비용(실습지도비·추가비용) 확인
- 추가 제출서류 여부 확인
- 실습 당일 집합장소와 시간 확인

② 기관 방문 시 면접 요령

㉠ 약속시간 전에 도착하라

미리 약속시간 전에 도착하는 것이 좋다. 어느 기관에서든지 첫 대면에서 약속 시간을 지키지 못하는 사람에게는 좋지 못한 인상을 갖게 된다.

ⓒ 대기실에서 바른 착석 자세를 유지하라

주변에 사람이 없다고 하더라도 마음을 가다듬고 담당자와의 면접을 준비하는 자세를 가져야 한다. 의자 끝에 걸터앉지 말고 깊숙이 들여 앉으며, 양손은 무릎 위에 가지런히 얹는다.

ⓒ 발랄하고 자신감 있는 태도를 유지하라

시종 침착하면서도 밝은 표정으로 예의를 지킨다. 때로는 부담스러운 질문을 받더라도 우물거리지 않고 자신감 있는 모습을 보인다. 질문에 대해서는 논리적인 대답을 한다. 일단 질문에 대한 답이 다소 빈약하더라도 당당히 이야기한다. 또한 자신이 '하고 싶은 일' 을 분명하게 말할 수 있어야 한다.

라. 평생교육 현장실습 시 필요한 서류 준비하기

[표6-17] 현장실습 시 요구하는 서식 종류

서식이름	용도 및 이용방법
평생교육 현장실습 의뢰서 및 실습신청서	● 실습기관을 선정하여 실습을 의뢰할 때 필요한 공문 ● 학교에서 실습기관으로 발송하거나 학생이 직접 제출
실습생 신상서	● 실습기관에 실습의뢰 시 필요한 실습생의 자기소개 양식 ※ 자기소개서를 통해서도 실습생의 신상을 파악하기도 함. ● 실습기관에 제출
평생교육 현장실습 서약서	● 실습생이 실습기간 동안 실습기관의 규칙과 실습생으로서 지켜야 할 일을 서약하는 양식 ● 실습기관에 따라서 선택적으로 작성
실습생 출근부	● 실습기관에서 실습 참여를 확인하는 양식
실습지도 계획서	● 실습기관에서 실습생을 지도할 계획서 양식
실습지도 기록서	● 실습기관에서 실습지도자가 실습지도과정을 기록하는 양식
평생교육 현장실습 평가서	● 실습기관에서 실습생의 성적을 평가하는 양식 ● 실습기관은 이 양식을 기준으로 실습생의 성적을 평가한 후 학생의 소속 학교로 발송
평생교육 현장실습 일지(보고서)	● 실습생이 실습기간 중에 작성해야 할 보고서 양식 ● 실습생은 학습기간 중 일지를 작성하여 소속 학교에 제출해야 함

※자료: 평생교육현장 실습메뉴얼(2009), 평생교육진흥원, p.110.

(3) 현장실습계약 체결

실습생과 실습지도자 간의 현장실습계약 체결과 관련하여 실습지도교수는 실습계약 내용인 실습목표, 실습내용과 방법, 실습평가영역 등을 구체화시키는데 있어 사전조사된 실습기관유형 및 특성, 실습생의 제반여건을 고려한 조언을 통해 실습계약 내용의 실행 가능성은 물론 실습의 질도 높여야 한다.

2) 현장실습 진행 단계

실습지도교수는 현장실습이 진행되는 동안 실습세미나를 실시한다. 대체로 학기 중에는 주 1회씩, 방학 중에는 부정기적으로 실습세미나를 실시하도록 한다. 실습세미나를 통해 실습생들 간의 실습기관유형별 특성 및 정보 등을 공유할 수 있는 환경을 조성해야하며, 실습생들이 실습현장에서 부딪히게 되는 여러 가지 문제의 원인을 스스로 찾아내 해결해 내는 역량을 기르기 위한 자문역할도 수행해야 한다.

현장실습 중에는 실습생이나 실습지도자가 예견하지 못하는 문제들도 생길 수 있으며, 실습지도교수가 실습 진행상황을 파악하기 위해서라도 실습생과의 이메일이나 전화연락망을 구축해둘 필요가 있다.

3) 현장실습 평가 단계

(1) 실습평가회 실시

실습지도교수는 현장실습이 종결된 이후, 실습과목 이수자들 간의 실습내용 공유 및 자체평가를 위한 실습평가회를 실시해야 한다. 학생들이 체험한 실습기관유형별 특성 및 실습내용을 공유하여, 간접적으로나마 평생교육 현장의 다양성과 역동성을 느낄 수 있는 자리를 마련해 주어야 한다.

(2) 향후 비전 설정 지도

실습지도교수는 실습과정을 통해 느낀 점과 함께 향후 평생교육사로서 실습생 자신의 자질과 비전, 그리고 그 비전을 실현하기 위해서 필요한 노력 등을 생각하고 정리할 수 있는 기회를 제공하도록 한다.

[표 6-18] 비전설정을 위한 워크시트(예시)

항목	주요 기술내용
실습을 통해 느낀 점	● 유관기관과 함께 진행하는 프로그램에 참관해봄으로써 실무자 간의 네트워크의 중요성과 의사소통의 어려움을 배울 수 있었다. ● 실제 기관에서 업무를 담당하는데 있어서 컴퓨터 작업이 매우 많아 컴퓨터 관련 자격증 취득의 필요성을 절실히 느낄 수 있었다. ● 평생교육사로서 내가 잘할 수 있는 것과 부족한 면을 생각해보게 하는 기회를 가질 수 있었다. 이를 통해서 앞으로 내가 무엇을 준비하고, 발전시키고, 향상시켜야 하는지를 알게 되었고, 미래에 대한 계획도 보다 구체적으로 세울 수 있었다. ● 평생교육 현장에서 이루어지는 현장실무를 체험하고 배울 수 있어서 매우 만족한다. ● 학습자(고객)를 대하는 일이 매우 어려운 일임을 느꼈다. ● 학습자도 기관의 고객이라는 점을 고려해볼 때 학습자를 응대하는 방법에 대한 스킬을 배워야 함을 느꼈다.
평생교육사로서 나의 자질과 비전	● 업무보조와 관련된 일은 어느 정도 잘해 낼 수 있었지만, 학습자 앞에 나서거나 아이들을 지도하는 능력은 많이 부족하다는 것을 느꼈다. 앞으로 이와 관련된 부분에 있어서 능력 향상을 위한 노력을 함으로써 평생교육사로서 필요한 다양한 자질과 스킬을 가질 수 있도록 하겠다. ● 프로그램에 참관하다 보니 프로그램 기획에 참여하여 보다 좋은 프로그램을 내손으로 만들어 볼 수 있었으면 하는 바람이 생겼다. 앞으로 더욱 노력하여 전문적인 프로그램 개발자로서의 자질을 습득할 수 있도록 하겠다.
비전을 실현하기 위하여 현재 내가 준비해야 할 일	● 프레젠테이션 스킬을 습득하여 대중 앞에서의 불안증을 고쳐나가도록 하겠다. ● 컴퓨터 활용능력시험을 통하여 엑셀, 포토샵, UCC제작법 등에 대해 배우도록 하겠다. ● 평생교육사로서 청소년 지도를 보다 잘해내기 위해서는 청소년 지도에 필요한 다양한 자격증을 취득하여 준비하도록 하겠다. ● 고객응대 및 기관에서의 고객 서비스를 잘하기 위해서 평생교육기관에서 요구되는 다양한 CS 스킬을 습득하도록 하겠다.

※자료: 평생교육현장 실습메뉴얼(2009), 평생교육진흥원, p.113~114.

(3) 실습과목 성적 산출

실습지도교수는 현장실습을 나가기 전 오리엔테이션에 임했던 자세 및 실습기관에서 작성된 현장실습평가서, 실습일지, 실습평가회 및 비전설정 등의 활동을 통해 학생별 실습과목 성적을 산출한다.

[참고] 평생교육실습 과목 수업과정 편성(예)

평생교육실습 과목 개설 → 수강신청 → 실습지도교수 배정

사전 교육 (4주)	실습 오리엔 테이션 (1주)		– 현장실습의 목적 – 실습생의 자세와 태도(예절 지도) – 평생교육사의 직무이해 – 실습매뉴얼–실습진행과정 이해 ※ 실습 오리엔테이션은 수강생 전원 대상 출석수업(1회) 운영 필수
	실습 세미나 (3주)	Ⅰ	– 실습기관별 특성 및 주요 실습내용 공유
		Ⅱ	– 주요 실습내용 및 실습일지 작성 지도
		Ⅲ	– 실습기관 사전분석 및 실습일정 발표(실습생 전원발표) – 학생별 실습계획 문제점과 개선점 토의
			※ 실습세미나는 총 9시간(3회) 권장

↓ (사전교육 이후 현장실습 시작)

현장 실습 (4주 이상)	현장실습 중간점검	– 실습지도교수는 실습생 및 실습기관 내 실습지도 면담을 반드시 실시 　(최소 1회 이상) ※ 면담은 방문, 이메일, 유선 통화 등도 병행가능

↓ (실습최종평가회 이전 현장실습 종료)

보고 및 평가 (2주)	실습최종 평가회 Ⅰ · Ⅱ	– 실습생 전원 실습결과 발표 및 공유 ※ 실습최종평가회는 총 6시간에 한하여, 연속진행이 가능(수업 2주차 인정하며, **출석수업 운영 필수**

성 적 산 출

총 15주차(1주: 3주시간) 교육과정으로 운영하는 것을 권장함

※자료: 제2차 평생교육사 자격증 발급안내를 위한 설명회 (2014), 국가평생교육진흥원

〈부 록〉

평생교육
실습일지

〈꼭 읽어주시길 바라며〉

부록에 작성된 평생교육실습일지는 전국의 표준화된 일지가 나오길 바라며 표지에 하단에 작성된 국가평생교육진흥원은 주관처가 교육부소속 국가평생교육진흥원이다. 이와 같이 실습에 관한 관리감독하고 전국에 표준화된 실습일지를 제공한다면 실습기관에 대한 프로그램의 특성과 지역별 프로그램을 파악할 수 있다. 또한 교육현장에 평생교육담당자가 누구인가가 명확하게 알 수 있다. 그래서 실습일지의 표준화가 중요하다.

현장실습일지에 들어 있는 내용은 예일평생교육원의 도움으로 작성하였으며 중간 중간 내용이 삭제되어 있다. 이는 무단복제를 방지하고 현장실습기관의 실습지도자가 실습생을 지도하며 그 기관의 특성에 맞게 작성하였으면 한다.

2018년 2학기

평생교육
연장실습일지

소 속	00대학교	
성 명		
학 과	학 번	
실 습 기 관 명		
실 습 기 간	2018. 09. 03 ~ 2018. 10. 01	

국가평생교육진흥원

차 례

Ⅰ. 평생교육 실습의 이해

1. 평생교육 실습의 개념

2. 평생교육 실습의 의의

3. 평생교육 실습의 목적

4. 평생교육 실습의 목표

5. 실습일지 기록상 유의사항

6. 평생교육 실습 내용

1. 평생교육 실습의 개념

☞ 평생교육 실습이란 정해진 교과목을 이수한 뒤에 일정한 기간 동안 공인된 평생교육 기관에서 실제적인 활동에 참관, 참여하게 되는 과정을 의미한다. 이때 실제적인 활동이란 평생교육기관에서 이루어지는 평생교육활동을 위한 모든 과정 즉 기획, 관리, 실행, 평가의 전 과정을 의미한다.

☞ 평생교육 실습은 대학의 강의실에서 이론적으로 학습한 것을 평생교육기관이라는 실제적 상황에 적용해 보는 과정이며, 이 과정을 통하여 평생교육 전문가로서 실무기능을 익히고 훈련을 받게 된다.

2. 평생교육 실습의 의의

☞ 평생교육 실습은 대학에서 익힌 평생교육 이론을 평생교육 현장에 적용, 실천해 봄으로써 이론과 실제의 관련성을 몸소 체험하는 계기가 된다.

☞ 평생교육 실습은 평생교육전문가로서의 능력 내지는 적성을 시험해보는 기회가 된다.

☞ 평생교육 실습은 평생교육 전문가 양성을 위한 준비교육 내지는 훈련과정으로서 중요한 의미를 갖는다.

3. 평생교육 실습의 목적

☞ 평생교육 실습의 궁극적인 목적은 구조화된 실천적 경험을 통해 교과에서 습득한 평생교육 지식, 기술, 태도를 통합적으로 체험함으로써 평생교육 현장 전문가를 만드는데 있다.

☞ 대학에서 익힌 전공과목에 대한 이론을 평생교육 현장에 적용, 실천하는 능력을 기른다.

☞ 예비 평생교육 전문가라는 위치에서 평생교육이라는 특수한 활동을 경험한다.

☞ 현장에서 평생교육이 처해있는 참모습을 이해한다.

☞ 학생 자신의 인성이나 적성 또는 자질이나 능력을 평가해보는 기회를 가진다.

4. 평생교육 현장실습의 목표

☞ 양성기관에서 배운 평생교육 관련 이론을 실습현장에 적용 및 실천

☞ 평생교육사에게 요구되는 전문적인 지식, 기술 및 올바른 태도와 자질 함양

☞ 실습현장의 조직 내 인간관계가 갖는 역동적 이해

☞ 다양한 이해관계의 요구를 이해할 수 있는 능력함양

☞ 평생교육 현장에 따른 구체적인 직무를 이해하고, 수행방법습득

☞ 평생교육사로서의 삶의 준비와 소질과 적성이 갖춰졌는지 실습생 스스로 평가·검증

☞ 실습생 자신의 직업적 적성을 확인하고 구체적인 경력개발 계획 수립의 기회·제공

5. 평생교육 실습일지 기록상 유의사항

☞ 출근부에 출근과 함께 매일 날인한다.

☞ 내용은 간결하고 명확하게 작성하도록 한다.

☞ 실습기관 현황 및 실습예정표는 기관 측의 협조를 받아 기재한다.

☞ 은어나 속어는 자제하고 오자나 탈자가 없도록 주의하여 작성한다.

☞ 실습일지는 매일 기록하고, 실습이 끝나면 교육실습 일지를 지체 없이 대학에 제출하여 확인을 받는다.

☞ 실습일지는 실습내용을 충실하게 기록하고, 글씨는 정자로 깨끗하게 정서한다.

☞ 가급적 주관을 배제하고 객관적인 사실에 근거하여 정확하게 기록하도록 한다.

☞ 교육실습일지 기록 이외에 학습자, 실습운영 담당자, 기관관리, 기관운영 및 업무추진과 관련된 사례연구 등도 성실하게 기록한다.

☞ 실습과정 상에 있었던 내용들은 과장 없이 실제로 했던 내용만을 정확하게 기록 하도록 한다.

6. 평생교육 실습 내용

▣ **실습 운영기준**

☞ 실습은 최소 4주간(최소 20일, 총 160시간) 이상 실시하여야 한다.
☞ 실습은 실습의 실효성을 고려하여 실습기관의 근로환경과 동일한 여건하에서 실습하는 것을 전제로, 1일 8시간(9:00~18:00), 주 5회(월~금)의 통상 근로시간 내 진행한다.
※ 점심 및 저녁 등의 식사시간은 총 160시간의 실습시간에서 제외
다만, 현장실습기관의 특성 및 실습생의 상황(직장인 등)을 고려하여 야간 및 주말시간을 이용한 현장실습도 가능하다.
☞ 실습지도자 요건
　- 평생교육사 1급 자격증 소지자
　- 평생교육사 2급 자격증을 보유하고 관련업무 2년 이상 종사한 자
　- 평생교육사 3급 자격증을 보유하고 관련업무 3년 이상 종사한 자
☞ 직장체험(인턴), 해외실습, 2개 이상 기관에서의 실습 불가
☞ 실습교육내용(과제) : 필수항목 : 모든 실습교육에 4개 항목 필수적으로 구성

　　　　　　　　　선택항목 : 3개 내용 중 최소 1개 내용을 선택하여 구성

구분		실습내용	
필수 항목	1. 오리엔테이션	① 기관소개 및 평생교육 관련 주요업무 소개 　- 기관별 현장실습 운영규정 안내 포함 ② 실습기관유형 대비 기관특성 소개 　- 주요 학습자 및 프로그램 소개 등 ③ 해당 기관 실습생의 자세와 역할 ④ 구체적 실습목표 설정 및 실습지도자와 일정별 세부계획 수립	
	2. 행정업무	① 기안 및 공문서 모의 작성 ② 사업예산(안) 편성 안내	
	3. 모의 프로그램 기획	I	① 실습기관의 주요 프로그램 조사 및 분석 ② 학습자 요구분석 실시(실습기관 학습자 대상)
		II	③ 모의 평생교육 프로그램 개발 ④ 모의 평생교육 프로그램 홍보 및 마케팅
	4. 실습평가	실습 평가회 : 실습생의 실습수행 내용에 대한 평가 등	
선택 항목	1. 실습기관 관련법 및 정책이해와 기관분석	① 평생교육법 및 관련 정책 파악하기 ② 실습기관의 SWOT 분석을 통한 전략 도출	
	2. 교육프로그램 운영 지원	① 학습자 관리 및 지원 ② 강사, 학습동아리 등 인적DB 관리 및 지원 ③ 학습정보DB 관리 및 지원 ④ 학습시설·매체 관리 및 지원 ⑤ 프로그램 관리·운영 및 모니터링 ⑥ 프로그램 만족도 조사 지원(결과분석 수행 등) ※ 별개 프로그램 2개 이상 수행	
	3. 유관기관 방문 및 관련 행사 참석	① 유관기관 프로그램 조사 및 분석을 위한 방문 ② 평생학습 관련 행사(지역축제, 박람회 등) 참석 ※ 실습목적에 맞춰 2개 이상 5개 이하 기관을 방문하되, 총 방문기간은 3일을 넘지 않도록 함. ※ 각 기관방문에 대해서는 출장 및 결과보고서 제출 권장	

II. 평생교육 과정과 직무

1. 평생교육 실습 전체일정표

2. 실습기관에 대한 이해

3. 실습기관 담당자의 역할 이해

4. 실습생의 자세와 역할 찾기

1. 평생교육 실습 전체일정표

과정	실습일	실습 주요 업무	실습 세부 업무

1주	월 일(월)	◎ 오리엔테이션
		– 교직원소개 등
		  연혁, 비전, 목표, 이념, 원훈
		  조직 구성원 소개
			1. 실습생 서류 제출
			2. 예일평생교육원의 주요업무 소개
			3. 예일평생교육원 프로그램소개
			4. 실습목표와 실습지도자와 세부계획수립

	월 일( )	◎ 기관업무소개 및 기관 라운딩 – 00평생교육원 주요업무 – 진행 프로그램 소개	1. 각부서의 주요업무파악하기 – 평생교육기획실 구성 및 주요업무설명 – 평생교육관리실 구성 및 주요업무설명 – 평생교육지원실 구성 및 주요업무설명
	월 일( )	◎ 실습생의 자세와 역할 – 현장실습 절차와 유의사항 – 현장실습과 평생교육사 역할과 내용 – 실습목표정하기	1. 평생교육법 살펴보기 (관련 근거자료 찾기)
	월 일( )	◎ 평생교육법 숙지 및 기관분석	1. 실습생의 자세와 역할 2. 평생교육사의 역할과 내용 3. 평생 교육사라는 직업에 대한 생각
	월 일( )	◎ 유관기관탐방 ◎ 평생교육역량강화워크샵	1. 유관기관 프로그램조사 및 분석을 위한 방문 – 창평 슬로우시티 – 광주평생교육진흥원
2주	월 일( )	◎ 평생교육시설의 유형 분석	1. 평생교육시설의 유형 분석 2. 평생교육원의 프로그램 분석
	월 일( )	◎ 현장 평생교육사 업무파악 – 평생학습 상담 안내실 보조	1. 평생학습상담 및 안내실 보조
	월 일( )	– 프로그램수강 신청 업무 – 기안 및 공문서 모의 작성 – 사업예산 편성 안내 – 프로그램 홍보	2. 프로그램수강 신청 업무보조 – 수강신청서 작성요령 설명 3. 기안 및 공문서 모의 작성 4. 사업예산 편성 안내
	월 일( )	◎ 평생학습프로그램 참관(청강) – 프로그램 모니터링 – 설문조사 및 분석하기	1. 평생교육원 홍보 관련 업무 보조 2. 예일평생교육원 SWOT분석을 통한 전략수립
	월 일( )	◎ 협력사업 이해 및 수업참관 – 평생교육원 탐방 – 평생학습의 네트워크 연계망 조사 ◎ 학습자의 강의 설문조사	1. 평생교육원에서 열리는 강의 모니터링 2. 학습자의 강의 설문만족도조사 작성 1. 학습자의 의견을 반영한 질의 회신 2. 강의 만족도 설문지 통계 정리
3주	월 일( )	◎ 평생교육 프로그램 사례분석하기 – 시교육청과 함께하는 사업파악 – 평생학습관의 프로그램 사례분석	1. 기관장의 평생교육프로그램에 대한 청취 2. 평생교육원 우수 사례 프로그램 분석
	월 일( )	◎ 평생교육 모의 프로그램개발 발표 – 학습자의 요구분석 실시 – 모의 프로그램 기획 – 모의 프로그램 계획서 작성 – 모의 프로그램 개발 – 모의 프로그램 발표	1.평생교육프로그램 개발과제 수행 및 발표 – 학습자의 요구분석 실시 – 모의 프로그램 기획 – 모의 프로그램 계획서 작성 – 모의 프로그램 개발
	월 일( )		
	월 일( )		
	월 일( )		1. 모의 프로그램 발표 –프로그램의 목적과 필요성 및 기대효과
4주	월 일( )	◎ 현장 평생교육사 업무보조 – 학습상담 및 업무보조 – 프로그램 청강 및 학습자 분석	1. 평생교육프로그램과 평생교육사의 중요성 2. 학습자 분석 및 진로상담(취업)
	월 일( )	◎ 유관기관 방문 – 한국가사문학관 – 안심마을 녹색농촌 한옥체험관	1. 시스템 및 수강생등록 업무 2. 학습자 관리 및 지원 3. 학습정보DB 관리 및 지원
	월 일( )		1. 평생교육의 종합적인 업무에 대한 지도 2. 평생교육실습 관련 과제 조언
	월 일( )	◎ 평생학습프로그램 참관(청강) – 프로그램 모니터링 – 설문조사 및 분석하기	1. 실습과정 운영상 개선점 2. 실습생 자기평가 하기 3. 향후 평생교육사의 비전 및 간담회
	월 일( )	◎ 수강생 관리 시스템 보조 – 시스템 및 수강생 등록 업무 ◎ 평생교육현장실습 평가 및 마무리 – 실습과정 운영상 개선점 – 실습생 자기평가하기 – 향후 평생교육사의 비전	

2. 실습기관에 대한 이해

기 관 명	예일평생교육원
위 치	광주광역시 0구 00로 00번길 11
설 립 이 념	참여와 배움으로 함께 성장하는 평생학습 공동체 실현 원 훈 : 참다운 인재 양성
설 립 주 체	예일평생교육원 주식회사
운 영 주 체	예일평생교육원 000 원장
기관의 설립 및 운영목적	예일평생교육원은 교육청인가 지식인력 개발 평생교육시설과 고용노동부 위탁 직업능력향상 훈련기관으로 참된 인재양성을 목적으로 운영됩니다.

기관내 운영조직의 전통과 역사	년,월	내 용
	2008.05	예일평생교육원 인가 및 설립
	2011.02	평생학습관 지정(2011년~2012년) – 광주광역시교육청
	2013.03	평생학습관 지정(2013년~2015년) – 광주광역시교육청
	2015.03	평생학습관 지정(2015년~2017년) – 광주광역시교육청

기 관 연 혁	년,월	내 용
	2008.05	예일평생교육원 인가 및 설립(광주)
	2008.12	광주광역시교육청 소외계층 평생학습 계좌제 운영 우수사례 발표
	2009.12	광주광역시교육청 평생학습계좌제 우수사례 선정
	2010.12	광주광역시교육청 평생학습계좌제 우수사례 선정 (광주광역시교육감 평생교육 유공자상 수상)
	2011.01	평생학습계좌제 학습과정 인정–평생교육진흥원 (직업상담사 강사양성과정, 직업상담사 이론, 청소년지도자 3급)
	2011.02	평생학습관 지정(2011년~2012년)–광주광역시교육청
	2011.07	광주광역시 북구 자활센터 집단상담 운영
	2011.09	광주여대사회복지학과 협약
	2011.12	평생교육사 양성기관 및 실습기관담당자연수
	2012.01	광주서구상무지역자활센터 MOU체결
	2012.02	평생학습계좌제 학습과정 인정 – 평생교육진흥원
	2012.05	이젠에듀 원격평생교육원 협약
	2012.11	2012 소외계층 평생교육프로그램 2차 지원사업 선정
	2013.02	2013~2014 광주광역시 평생학습관 지정
	2013.04	HRD-Net 내일배움카드제 시스템 사용자 교육
	2013.06	평생교육사 자격제도 운영 관계자 연수 참석
	2013.08	평생교육 정책포럼 참석 – 국가평생교육진흥원
	2013.11	평생교육관계자 직무향상을 위한 워크숍
	2014.03	광주평생교육진흥원기자발대식
	2014.05	광주평생학습 박람회 추진자문위원회 회의

시설현황	사무실, 강의실 3개, 상담실, 빔 프로젝트, 책상, 의자, 컴퓨터, 복사기, 팩스, 칠판. 사물함, 책장, 에어컨 등
주요사업 내용	☞ 평생교육현장에서 근무하는 평생교육사, 사회복지사 및 치료사와 행정 담당자를 위한 실무교육 ☞ 예술치료분야에서 근무하는 치료사를 위한 음악치료, 미술치료, 무용치료, 독서치료 등의 전문적인 교육을 한다. ☞ 일반인을 대상으로 하여 취업기회 제공 및 자격증 취득을 위한 교육을 한다.
기관의 전체적인 분위기	☞ 직원들의 업무 분담이 잘되어 서로 단합이 잘되고, 직업상담사 과정과 같은 경우 1차에서 2차 강사과정까지 연속되는 강좌가 많아 직원과 수강생들은 물론 수강생들끼리도 유대관계가 돈독합니다. ☞ 훌륭한 강사진들을 초빙하여 수업을 진행하게 함으로써, 수강생들의 만족도가 높고 시험에 대한 합격률도 높아 수강생들의 교육원에 대한 신뢰도 또한 높은 수준입니다.
기관이 속한 지역사회 특성	예일평생교육원은 광주광역시 북구 누문동에 위치해 있으면 누문동은 구도청, 광주역, 광주공항으로 통하는 교통의 중심지입니다. 도심공동화 현상으로 주거 인구는 감소하고 있으며, 금융, 통신, 유통업 및 자동차 정비 관련업체가 주류를 이루고 있어 주거활동인구가 많습니다.
기관이 속한 물리적 환경	예일평생교육원은 광주시내의 중심지에 위치해 있으므로, 주위에 다양한 문화시설과 지하철 및 도로, 교육환경, 생활쇼핑환경, 정부관련 기관들이 적절하게 배치되어 있고, 특히 고용지원센터와 인접하여 계좌카드 발급 및 수강생홍보에 유리한 조건을 갖추고 있습니다. 버스편이 다양하고 지하철을 이용할 수 있어 이용자의 접근이 편리합니다.

3. 실습기관 담당자의 역할 이해

■ 기관내 직원 수와 조직구성의 현황(담당업무 및 기타 협력관계)

　☞ 행정조직 : 3실 7개팀

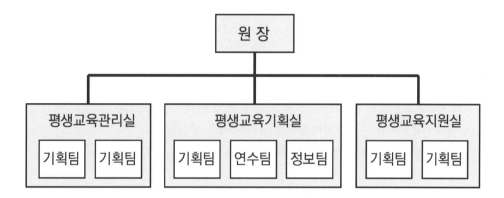

☞ 부서별 주요 업무

부 서	주 요 업 무
평생교육 기획실	· 평생교육 및 문화활동 기획 · 평생 교육프로그램 기획 · 각종 문화행사 주관 · 평생학습교실운영 · 취업처 개발 및 알선
평생교육 관리실	· 일반 서무(평생교육) · 수강생관리(사후관리) · 수료증 및 자격증발부 · 예산 · 회계 관리 · 카페 및 홈페이지 운영
평생교육 지원실	· 교육자료수집, 교육홍보 · 직업상담사월보제작 · 평생교육사월보제작 · 전산시스템관리 · 교육시설 관리 · 평생교육사 실습생관리

■ 기관 내 직원의 근무자세(하루일과, 업무처리 방법, 근무태도 등)

1. 직원들의 직무에 임하는 자세가 배움의 산출이다.

2. 학습자는 곧 평생교육의 동반자라는 정신이 있는 것 같습니다.

3. 평생교육원의 직원들은 친절하고 업무에 열정적이다.

4. 학습자중심기관처럼 학습내용에 대한 설명과 절차를 정확하게 하고 있다.

■ 교육훈련 관련 프로그램의 기획 및 관리 담당자들의 특성

(직위, 성명, 담당프로그램, 임무의 공식성/ 비공식성, 교육 프로그램과 관련된 과업)

1. 오※근 원장 : 평생교육원 업무총괄, 대외업무, 훈련생 교육, 실습생지도

2. 배※영부원장 : 평생교육원 실무업무총괄(교무, 총무등), 실습생지도

3. 김※희센터장: 평생학습센터 총괄, 훈련계획 기획 및 수립, 실습생지도

4. 안※연팀장외 2명 : 대외 협력 기획관리, 홍보, 교육생 관리

5. 조※황대리외 2명 : 각종 교육관련 업무지원, 교육생 관리

■ 실습기관 조직 내에서 자신이 실습하고자 하는 구체적인 역할과 업무

1. 평생교육관련 정보수집 및 분석

2. 학습자료 개발지원

3. 프로그램 개발지원

4. 수강생 출결관리 지원

5. 프로그램 참관 및 모니터링 수강생 만족도조사

6. 교육원 프로그램 홍보지원

7. 평생교육원 운영지원 및 환경관리

4. 실습생의 자세와 역할 찾기

▣ 현장실습생의 자세

1. 적극적인 자세

실습에서는 실습생이 노력한 만큼의 성과를 얻을 수 있다. 그러므로 사전에 준비를 철저히 하여 주도적이며 적극적으로 실습에 참여하는 자세가 필요하다.

2. 원만한 자세

실습생은 혼자서 하는 것이 아니라 현장에서 실무자, 실습지도자와 함께 하는 것이다. 그러므로 실습생은 이들에게 도움이 될 수 있도록 해야 하며 어색함이 없이 친밀감을 가질 수 있도록 해야 한다.

3. 배우는 자세

실습생은 실무자가 업무를 처리하는 방식을 예의주시하면서 실무자가 알려주는 것에만 머무르지 않고 더 배워야 할 것을 점검해보고, 이를 익히기 위해 노력해야 한다.

▣ 현장실습생으로서의 역할

1. 평생교육관련 정보수집 및 분석
2. 학습자료 개발지원
3. 프로그램 개발지원
4. 수강생 출결관리 지원
5. 프로그램 참관 및 모니터링 수강생 만족도조사
6. 교육원 프로그램 홍보지원

Ⅲ. 평생교육 실습일지

1. 실습기관 유형 및 평생교육사 관련 업무
2. 평생교육 실습기관 사전조사서
3. 실습 의뢰서(협조공문)
4. 실습 신청서
5. 실습생 신상서
6. 실습의뢰 결과 회보서
7. 실습 계약서
8. 실습 서약서
9. 실습생 출근부
10. 평생교육 실습일지
11. 실습지도기록서

1. 실습기관유형 및 평생교육사 관련업무

구분		기관유형		예 시
평생교육법	① 유형	3대 평생교육 전담기구	국가평생교육진흥원	국가평생교육진흥원
			시·도평생교육진흥원	강원도평생교육진흥원, 대구평생교육진흥원, 전라남도평생교육진흥원, 서울특별시평생교육진흥원, 부산평생교육진흥원, 인천평생교육진흥원, 광주평생교육진흥원, 대전평생교육진흥원, 울산평생교육진흥원, 경기도평생교육진흥원, 충청북도평생교육진흥원, 충남평생교육진흥원, 경북평생교육진흥원, 제주특별자치도평생교육진흥원
			시·군·구 평생학습관	평생학습관, 공공도서관, 문화원, 연수원·수련원, 박물관, 복지관 등 (교육청으로부터 일정 기간 지정받은 기관)
	② 유형	문자해득교육프로그램 지정기관		문자해득교육프로그램 설치·지정 기관(11년 지정 시작)
		성인문해교육지원사업 지정기관		당해연도 성인문해교육 지원사업 선정지원
	③ 유형	평생학습도시		시·군·구 평생학습센터 또는 평생교육 전담부서 등
		국가 · 지자체 평생학습 추진기구		광역시도청/시·군구청/시도교육청/지역교육청 내 평생학습센터 또는 평생교육 업무담당 부서 등
		평생교육협의회		시·도평생교육협의회, 시·군·구평생교육협의회
	④ 유형	평생교육 관련사업 수행학교		대학평생교육활성화사업, 학교평생교육사업(지역과 함께하는 학교사업, 방과후학교 사업 등) 수행
	⑤ 유형	평생교육시설 신고·인가 기관		유초중등 학교부설/ 학교형태/ 사내대학형태/ 원격대학형태/ 사업장부설/ 시민사회단체부설/ 언론기관부설/ 지식·인력개발 관련 평생교육시설
그 밖의 다른 법령	⑥ 유형	평생직업교육학원		학원설립운영등록증 상 평생직업교육학원 형태 등록 여부 확인(학교교과교습학원 형태는 인정 불가)
	⑦ 유형	기관형 교육기관	주민자치기관	시·군·구민회관, 주민자치센터 등
			문화시설기관	도서관, 박물관, 미술관, 과학관, 문화예술교육시설 및 단체 등
			아동관련시설	아동직업훈련시설, 아동복지관, 지역아동(정보)센터 등
			여성관련시설	여성인력개발센터, 여성(복지, 문화)회관 등
			청소년관련시설	청소년지원센터, 청소년수련시설, 청소년문화의집 등
			노인관련시설	노인교실, 노인복지(회)관 등
			장애인관련시설	장애유형별 생활시설, 장애인복지관 등
			다문화가족관련시설	다문화가족지원센터 등
			사회복지시설	종합사회복지관 등
	⑧ 유형	훈련·연수형 교육기관	직업훈련기관	공공직업훈련시설, 지정직업훈련기관 등
			연수기관	공무원연수기관, 일반연수기관 등
	⑨ 유형	시민사회단체형 교육기관	비영리민간단체	전국문해·성인기초교육협의회, 한국평생교육학회 등
			비영리 사(재)단법인	한국평생교육사협회, 한국문해교육협회 등
			청소년단체	한국청소년연맹, 청소년단체협의회 등
			여성단체	여성회, 여성단체협의회 등
			노인단체	대한노인회, 전국노인평생교육, 단체연합회 등
			시민단체	NGO, YMCA, YWCA, 환경운동연합 등
기 타				그 밖의 평생교육을 주된 목적으로 하는 시설 및 단체

☞ 평생교육사의 평생교육 관련 업무

책무	업 무	책무	업 무
조사분석	– 학습자 특성 및 요구조사·분석 – 평생학습 참여율 조사 – 평생학습 자원 조사·분석 – 평생학습권역 매핑 – 평생학습 SWOT 분석 – 평생학습 프로그램 조사·분석 – 평생학습 통계 데이터 분석 – 평생학습자원 및 정보 DB 구축	기획계획	– 평생학습 비전과 전략 수립 – 평생학습 추진체제 설계 – 평생학습 중·장기/연간계획 수립 – 평생학습 단위사업계획 수립 – 평생학습 축제 기획 – 평생학습 공모사업 기획서 작성 – 평생학습 예산계획 및 편성 – 평생학습 실행계획서 수립
네트워킹	– 평생학습 네트워크체제 구축 – 인적·물적 자원 네트워크 실행 – 사업 파트너십 형성 및 실행 – 사이버 네트워크 구축 및 촉진 – 조직 내·외부 커뮤니케이션 촉진 – 협의회 및 위원회 활동 촉진 – 지원세력 확보 및 설득 – 평생교육사 임파워먼트 실행	프로그램개발	– 프로그램 개발 타당성 분석 – 프로그램 요구분석 및 우선순위 설정 – 프로그램 목적/목표 설정 및 진술 – 프로그램 내용 선정 및 조직 – 프로그램 매체 및 자료 개발 – 프로그램 실행 계획 및 매뉴얼 제작 – 프로그램 실행 자원 확보 – 프로그램 특성화 및 브랜드화 – 프로그램 분류 및 유의가 창출 – 프로그램 지적, 문화적 자산화
운영지원	– 학습자 관리 및 지원 – 강사 관리 및 지원 – 프로그램 홍보 및 계획 – 학습시설·매체관리 및 지원 – 프로그램 관리운영 및 모니터링 – 학습결과 인증 및 관리 – 평생학습 예산관리 및 집행 – 기관 홈페이지 관리 및 운영	교수학습	– 학습자 학습동기화 촉진 – 강의 원고 및 교안 작성 – 단위 프로그램 강의 – 평생교육사업 설명회 및 교육 – 평생교육 관계자 직무교육 – 평생교육사 실습지도 – 평생교육 자료 및 매체 개발 – 평생교육사 학습역량 개발
변화촉진	– 평생학습 참여 촉진 – 평생학습자 인적자원 역량개발 – 학습동아리 발굴 및 지원 – 평생학습 실천지도자 양성 – 평생교육단체 육성 및 개발 – 평생교육 자원봉사활동 촉진 – 평생학습 관계자 멘토링 – 평생학습 공동체 및 문화조성	상담컨설팅	– 학습자 상황분석 – 학습장애 및 수준 진단·처방 – 평생학습 상담사례 정리 및 분석 – 생애주기별 커리어 설계 및 상담 – 평생학습 ON/OFF라인 정보제공 – 평생학습 상담실 운영 – 학습자 사후관리 및 추수지도 – 의뢰기관 평생학습 자문 및 컨설팅
평가보고	– 평생학습 성과지표 창출 – 목표대비 실적 평가 – 평생학습 영향력 평가 – 평생학습 성과관리 및 DB 구축 – 우수사례 분석 및 확산 – 공모사업 기획서 평가 – 평가보고서 작성 – 평가발표자료 제작 및 발표 – 프로그램 프로파일 생성 – 지식창출 성과 정리	행정경영	– 국가 및 지방정부 평생학습 공문 생성 – 평생학습 공문 회람 및 협조 – 평생학습기관 및 담당부서 업무보고 – 광역/기초단체장 지침과 관심 반영 – 평생학습 감사자료 생성과 보관 – 평생학습관 모니터링 및 감사 – 평생학습기관 효율적 경영전략 추진 – 평생학습관련 기관의 경영수지 개선

2. 평생교육 실습기관 사전조사서

소속지역대학	00대학교	성명		학번	

기 관 명	예일평생교육원		
전화번호		FAX	
주 소	광주광역시 북구 금남로000		
기관연혁	2008년 5월 예일평생교육원 인가 및 설립 2008년 12월 광주광역시교육청 소외계층 평생학습계좌제 2010년 12월 평생교육 유공자상 수상 - 광주광역시교육청 교육감 2011년 2월 평생학습관 지정 - 광주광역시교육청 2012년 3월 학습계좌제 학습이력관리시스템 개통 -평생교육진흥원 2013년 3월 평생학습관 지정 - 광주광역시교육청 2013년 10월 평생교육 유공자상 수상- 광주광역시교육청 교육감 2015년 3월 평생학습관 지정 - 광주광역시교육청		
기관의 설립 및 운영목적	평생교육시설은 복지시설 종사자, 상담교사, 유치원교사, 보육교사 및 일반인을 대상으로 직무교육 및 인성교육을 중점으로 교육하여 창의적이고 인성이 풍부한 인력을 양성한다.		
주요사업내용	지식인력개발사업 직업능력 향상교육 인문교양교육 문화예술교육 시민참여교육		
기관시설현황	5층 강의실 3개 　(501호-15명 수용), (502호-50명 수용), (503호-25명수용) 4층 강의실 2개(401호-24명 수용) (402호-30명 수용) 　빔프로젝트, 화이트보드, 책상, 의자, 등 4층: 회의실, 교무실, 취업상담실, 휴게공간		
실습담당자	이 름 : 배 ※ 영 (평생교육사 자격 유) 전화번호 : 010 - 0000 - 0226		
실습비용	20만원		

00평생교육원장

3. 실습 의뢰서(협조공문)

OO대학교

수 신 :

참 조 : 실습담당 선생님

제 목 : 평생교육실습 협조 의뢰서

1. 항상 평생교육 현장실습을 위해 애써 주시는 귀 기관에 감사드리며 귀 기관의 무궁한 발전을 기원합니다.

2. 평생교육실습과목을 수강하는 본교 학생의 현장실습을 의뢰하오니 아래를 참조하시어 협조하여 주시기 바랍니다.

- 다 음 -

실습생 성명	실습기간	실습요일	실습지도내용
			기관에서 시행하고 있는 프로그램, 기관운영, 사례 관리등

3. 유의사항

    가. 실습평가점수 : 100%로 실습평가서에 표기

           (소수의 경우 둘째자리에서 반올림)

    나. 실습관련서류(평가서포함) : 실습생을 통해 학교제출 및 우편으로 제출

    다. 실습일지 작성 : 수기작성 및 워드작성

    라. 서류제출기한 엄수 : 실습일지 및 관련 서류 미제출시 학점 불인정

붙임 : 1. 실습신청서 1부.

       2. 실습생신상서 1부.

OO대학교

담당자   학과장

협조자

시행 00-00(2014.00.00)   접수

우/ 주소

전화: //   E-mail:

4. 실습신청서

실 습 신 청 서

1. 실습생 인적사항

성 명	김 0 희	생년월일		19 년 월 일	
학교명	00대학교	학과/전공	0	학년/학기	4학년 2학기
현주소	광주광역시 0구 00로3길				
전화번호	집 : 062-3000-0000		휴대폰 : 010-000-000		
E-Mail	00000@hanmail.net				

2. 실습의뢰 내용

실습 부서	평생교육관리부
실습 분야	평생교육프로그램 개발 및 운영
실습 내용	평생교육프로그램 기획, 개발 및 학습자관리
실습 기간	2018년 09월 03일 ~ 2018년 10월 01일

3 . 평생교육 관련과목 이수 현황

교과목명	이수시기 (년월)	이수 여부	교과목명	이수시기	이수 여부	교과목명	이수시기	이수 여부
노인교육론	2013.09~ 2014.01	O	평생교육론	2014.03~ 2014.07	O	평생교육프로그램개발론	2014.09 2015.01	O
평생교육방법론	2013.09~ 2014.01	O	평생교육경영론	2014.03~ 2014.07	O	성인학습 및 상담	2014.09 2015.01	O
상담심리학	2013.09~ 2014.01	O	원격교육활용론	2014.03~ 2014.07	O			

4. 평생교육 관련 경력

구분 (취업, 실습, 봉사)	기관명	기간(년월)	내용
		년 월~ 년 월(총 개월)	
		년 월~ 년 월(총 개월)	

상기 내용으로 귀 기관에 실습을 신청합니다.

실습생 : 김 ※ 희 인

실습지도교수 : 배 ※ 숙 인

실습교육기관 :　　　　　귀중

5. 실습생 신상서

실습생신상서

1. 인적사항

	실습생명	김0희	성별	여	생년월일	19 년 월 일
	소속 양성기관명			00평생교육원		
	현 주 소			광주광역시 0구 00로3길 20, 000동 103호		
	전화번호			집 : 062-3000-0000 핸드폰 : 010-000-0000		
	E-mail			00000@hanmail.net		

2. 이수 전공과목

교과목명	이수완료	현재이수	교과목명	이수완료	현재이수
평생교육론	O		교육사회학		
평생교육방법론	O		교육공학		
평생교육경영학	O		교육복지론		
평생교육프로그램개발론	O		지역사회교육론		
평생교육실습		O	문화예술교육론		O
아동교육론			인적자원개발론		
청소년교육론			직업·진로설계		
여성교육론			원격교육활용론	O	
노인교육론	O		기업교육론		
시민교육론			환경교육론		
문자해득교육론			교수설계론		
특수교육론			교육조사방법론		
성인학습 및 상담론	O		상담심리학	O	

3. 내가 생각하는 '평생교육 현장실습'이란?

이론교육을 바탕으로 현장에 나가 실습을 함으로써 평생교육 분야를 좀 더 심도 깊게 알아갈 수 있는 발판이 될 것이다.

4. 현장실습기관으로 해당기관을 선정한 이유

00평생교육원은 광주광역시 평생교육관으로 지정되어 있으며 실무 행정담당자를 위한 실무교육중심의 교육기관이며 직업상담사에 관심이 많아 선택하게 되었습니다.

5. 현장실습을 하고자 하는 기관은 어떤 유형의 평생교육기관인가?

① 유형 시.군.구평생학습관   ⑤ 유형 평생교육시설 신고. 인가 기관

6. 실습을 통해서 성취하고자 하는 목표

평생교육실습을 통하여 실무역량에 필요한 역할과 직무를 이해하고 평생교육사에게 요구되는 전문적인 지식기술 및 올바른 태도를 배우고 싶습니다.

7. 실습기관 및 실습지도자에게 바라는 점

초심의 자세로 열심히 배우고 근면 성실하게 노력하겠습니다.

8. 평생교육을 실천하는데 있어 자신의 강점과 약점

① 평생교육 지식 및 기술의 측면

실무적인 면에서는 경험이 없기 때문에 현장에서의 실습을 통해 그러한 이론을 바탕으로 좀 더 효율적인 운영방법과 행정, 교육 등의 부분을 몸소 체험해보고 싶습니다.

② 개인적인 특성 측면

밝고 적극적인 성격이 주어진 일을 잘 처리하고 주변 사람들과 잘 융합한다는 얘기를 많이 들었기 때문에 사람과 사람이 어울려서 진행되는 평생교육에 있어서 그러한 성격이 좋은 밑바탕이 될 것이라 생각합니다.

9. 실습기관 및 실습지도자에게 바라는 점

현장실습을 통해 한 층 더 업그레이드 시킬 수 있는 중요한 시점이기에 평생교육을 제대로 배울 수 있도록 체계적으로 잘 지도해 주셨으면 합니다.

6. 실습의뢰 결과 회보서

실습의뢰 결과 회보서

1. 실습의뢰 결과

　∨ 수락합니다(수락시 하단의 내용 기재)　　　□ 거절합니다

2. 실습 기본사항

① 실습기관 정보

기 관 명	예일평생교육원	기 관 유 형	① 유형 : 광주광역시 지정평생학습관 ⑤ 유형: 지식인력 관련 평생교육원
전화번호	062-500-0000	실습운영부서	평생교육관리실
	광주광역시 북구 금낭로 98번길 11		

② 실습지도자 정보

성 명	배※영	평생교육사 자격소지	급 수	평생교육사2급
생년월일	1970년 00월 00일		취득기관명	00대학교
			취 득 일	000년 00월 00일
직 위	부원장		자격번호	0000호

평생교육 관련 경력			
기관명	소속부서	경력기간(년월)	담당업무
01평생교육원	관리부	2006년 4월 ~ 2006년 11월 (총 8개월)	학습자관리 및 프로그램기획
02평생교육원	관리부	2008년 5월 ~ 2018년 03월 (총 119개월)	평생교육프로그램기획 및 평생교육관리
총 경력개월		총 127 개월	

③ 요청사항

필요서류	사진 1매
실 습 비	20만원(실습개시일 납부 요망)
참고사항	

상기 내용으로 귀 기관에서 의뢰한 현장실습 의뢰 결과를 회보합니다.

00평생교육원장

※ [붙임] 평생교육기관 증빙서류 1부.

7. 실습 계약서

실습 계약서

1. 작성일시 : 2018년 9월 3일
2. 실습기간 : 2018년 9월 3일 ~ 2018 년 10월 01일
3. 실습생명 : 김 ※ 희 (인)
4. 실습 지도자명 : 배 ※ 영 (인)
5. 실습지도교수명 : 홍 길 동 (인)
6. 실습내용

실습주제	실습목표 성취를 위한 과제	평가내용 및 방법
평생교육사로서 정체감 형성	- 평생교육사로서 나의 강점과 약점을 파악 - 실습기간 동안 학습한 부분에 대하여 평가	- 작성여부
기관구조의 이해	- 기관을 분석하여 평생교육에 맞는 교육 방향 제시	- 작성여부
지역사회에 대한 이해	- 지역사회의 인적, 물적 자원목록을 작성	- 작성여부
행정업무	- 기안 및 공문서 모의작성 - 사업예산(안) 편성	- 작성여부 - 작성한 내용에 관해 실습 관리자와 논의
기관사업과 프로그램의 이해	- 사업계획서를 읽고 각 사업의 특성을 분석 - 평생교육 업무를 담당하는 평생교육사와의 면담을 통해 사업 현황과 문제점 파악	- 작성여부 - 작성한 내용에 관해 실습 관리자와 논의
평생교육사업 및 프로그램개발과 운영	- 기관에 적합한 프로그램 개발 계획서를 작성 - 현재 운영 중인 평생교육 관련 프로그램 계획과 진행에 참여	- 실시여부 - 작성한 내용에 관해 실습 관리자와 논의
평생교육 요구조사 및 평가 실시	- 새로운 프로그램 개발시 요구조사 참여 및 분석 - 프로그램 종료 후 평가실시를 위한 평가지 개발, 분석	- 실시여부
학습자 및 학습동아리 자문과 상담 수행	- 평생교육 학습자와 학습동아리 관리자들과의 편안한 인터뷰 및 상담 요청시 상담수행	- 실시여부 - 작성한 내용에 관해 실습 관리자와 논의
강사 섭외와 관리 및 교육 실시	- 프로그램 준비단계에서 강사섭외활동과 프로그램 진행단계에서 강의 모니터링에 참여	- 작성여부 - 작성한 내용에 관해 실습 관리자와 논의

8. 실습서약서

실 습 서 약 서

성   명 : 김 0 희
생년월일 : 19 년   월   일
연 락 처 : 010-8000-000

  상기 본인은 20 학년도 OO대학교 평생교육실습과목을 이수함에 있어 관련 기준을 준수하여 성실히 현장실습에 임할 것입니다.

1. 향후 법적 이수기준 미비 및 사실과 다른 내용 기재 등의 사유가 밝혀 질 경우 학점취소 등의 모든 책임은 본인이 질 것을 서약합니다.

2. 실습생의 OO대학교를 대표한다는 생각을 가지고 최선을 다해 실습에 임한다.

3. 현장실습일지는 실습 종료 후 반드시 OO대학교에 제출하여야 한다.

2018년 09월 03일

작 성 자 : 김 0 희   (인)

OO대학교장 귀하

9. 실습생 출근부

실습생출근부

실습생명 : 김 ※ 희 (인)

실습지도자명 : 배 ※ 영 (인)

연번	월 일	출근 일시	퇴근 일시	실습시간	점심/저녁 시간	실습생 확인	지도자 확인	지각/조퇴 결근여부	사유
1	/	09:00	18:00	**8 시간**	12:00~13:00				
2	/	09:00	18:00	**8 시간**	12:00~13:00				
3	/	09:00	18:00	**8 시간**	12:00~13:00				
4	/	09:00	18:00	**8 시간**	12:00~13:00				
5	/			시간					
6	/			시간					
7	/			시간					
8	/			시간					
9	/			시간					
10	/			시간					
11	/			시간					
12	/			시간					
13	/			시간					
14	/			시간					
15	/			시간					
16	/			시간					
17	/			시간					
18	/			시간					
19	/			시간					
20	/			시간					
총 실습시간				160 시간					

※ 출근시간, 퇴근시간 표시, 퇴근 시 실습생 및 실습지도자가 확인함. 지각, 조퇴, 결근 시 그 사유를 함께 기재함.

※ 단, 실습기관의 특성에 따라 점심/저녁시간에도 실습을 수행해야 할 경우에는 [점심/저녁시간]란에 '해당없음'을 기재함.

평생교육 실습일지

(2018학년도 2학기)

<table>
<tr><td>관리번호</td><td></td><td colspan="2">평 가 자
확 인</td><td></td></tr>
</table>

<table>
<tr><td rowspan="2">학과</td><td rowspan="2">교육학과
4학년</td><td>성 명</td><td colspan="6">김 0 희</td><td rowspan="2">등급
(점수)</td></tr>
<tr><td>전화
(휴대폰)</td><td colspan="6">010-0000-0000</td></tr>
<tr><td>학 번</td><td>1</td><td>2</td><td>3</td><td>4</td><td>5</td><td>6</td><td>7</td><td>8</td><td></td></tr>
</table>

※ 학번은 반드시 기재하여야 함

<table>
<tr><td>실습기관명</td><td>예일평생교육원</td><td>기관소재지역</td><td>광주</td></tr>
<tr><td>실 습 기 간</td><td colspan="3">2018년 09월 03일 ~ 2018년 10월 01일(총 20일)</td></tr>
<tr><td rowspan="15">실 습 내 용</td><td colspan="3">기관소개 및 평생교육 관련 주요업무</td></tr>
<tr><td colspan="3">실습기관유형 대비 기관특성</td></tr>
<tr><td colspan="3">기안 및 공문서 모의 작성</td></tr>
<tr><td colspan="3">사업예산(안) 편성 안내</td></tr>
<tr><td colspan="3">모의 프로그램 기획</td></tr>
<tr><td colspan="3">평생교육법 및 관련 정책 파악하기</td></tr>
<tr><td colspan="3">실습기관의 SWOT 분석을 통한 전략 도출</td></tr>
<tr><td colspan="3">학습자 관리 및 지원</td></tr>
<tr><td colspan="3">강사, 학습동아리 등 인적DB 관리 및 지원</td></tr>
<tr><td colspan="3">학습정보DB 관리 및 지원</td></tr>
<tr><td colspan="3">프로그램 관리 · 운영 및 모니터링</td></tr>
<tr><td colspan="3">프로그램 만족도 조사 지원(결과분석 수행 등)</td></tr>
<tr><td colspan="3">유관기관 프로그램 조사 및 분석을 위한 방문</td></tr>
<tr><td colspan="3">평생학습 관련 행사(지역축제, 박람회 등) 참석</td></tr>
</table>

OO대학교

※ 표지는 A4 용지 사용
※ '관리번호' 및 '평가가 확인', '등급'란은 기재하지 말 것

실습일지 (1일차)

실습일	2018년 09월 03일 (월요일)			실습지도자 확인	(서명 또는 인)
실습시간	출근일시	퇴근시간	식사시간	지각/조퇴결근 여부(사유)	실습시간
	09:00	18:00	12:00~13:00	무	8시간

실습내용	[09:00~12:00] 오리엔테이션 ▶ **기관소개 및 평생교육 관련 주요업무 소개** — 본 실습 기관은 2008년 5월 설립되었고, 2013년 2월 광주광역시 평생학습관으로 지정 된 이후 2017년 현재까지 유지되어 오는 기관이다. — 교육원의 비전은 참여와 배움으로 함께 성장하는 평생학습 공동체를 실현하는 것이며, 교육원의 목표는 창조학습을 주도하는 평생교육, 평생 일 할 수 있는 직업창출, 함께 학습하는 평생학습공동체이다. 본 기관의 입구를 들어서면 비전과 목표가 큰 문구로 한쪽 벽면을 채우고 있어서 누구든지 교육원의 비전과 목표를 단번에 알아볼 수 있다. ▶ **기관 프로그램 소개 및 기관특성 소개** — 직업능력교육으로는 직업상담사2급, 강사양성과정, 개인정보보호사가 있으며 본 기관에서 직업상담사 자격증 취득 이후 실제 직업상담사 또는 인력대기소 등에 종사하거나 강사양성과정 수료 후 실제 강사로 활동하고 계시는 많은 사례를 소개해 주셨다. 문화예술교육에는 한지공예, 미술심리지도자, 음악심리지도자 등이 있으며 강사진의 초빙사례를 소개해 주셨다. — 본 실습기관은 평생교육법 ①유형의 시·군·구 평생학습관으로 현재 교육청으로부터 지정받은 기관에 속하며 ⑤유형의 신고·인가 된 지식·인력개발 관련 평생교육시설이기도 하다. [13:00~18:00] 교육프로그램 운영 지원 ▶ **학습시설·매체 관리 및 지원** — 5일 직업상담사 2급 필기 시험장 방문 및 홍보를 위한 홍보물 제작 보조를 하면서 홍보물 제작법에 대해 알게 되었다. — 직업상담사 2급 필기 예상문제 및 요약 자료 정리를 해보면서 실제 교육프로그램 운영 시 준비가 필요한 기초적인 자료의 중요성을 깨닫게 되었다. [필수1-①.② 오리엔테이션 / 선택2-④ 교육프로그램 운영 지원]
실습소감 및 자기평가 (협의사항 포함)	평생교육실습에 앞서 앞으로 무엇을 해야 할지 몰라 혼란스러웠지만 실습지도자님께서 실습을 해 나가면서 계획에 맞추어 필수로 해야 할 것들과 교육원의 일정에 맞추어 해야 할 것들을 상세히 말씀해 주셔서 두려움보다는 흥미로움과 배움에 대한 호기심과 열정이 생겼다. 오후시간 실제적인 업무에 대한 보조 역할을 해보면서 앞으로 배울 것 들이 정말 많을 거라는 생각과 함께 첫날 실습을 마쳤다.

실습일지 (2일차)

실습일	2018년 09월 04일 (화요일)			실습지도자 확인	(서명 또는 인)
실습시간	출근일시	퇴근시간	식사시간	지각/조퇴결근 여부(사유)	실습시간
	09:00	18:00	12:00~13:00	무	8시간
실습내용	[09:00~12:00] 오리엔테이션 ▶ **실습생의 자세와 역할** — 실습기간 중의 실습활동은 실습기관의 규정에 따르며 복장, 언행, 그리고 태도는 실습생으로서의 품위를 손상시키지 않도록 해야 한다. — 실습생으로서 수강생·강사 관리 및 지원, 프로그램 홍보, 운영, 지원 보조업무, 기관에 맞는 프로그램 개발 등의 역할을 수행하는 부분에 있어서는 미숙한 부분들을 실습지도자님께 열심히 보완 받으며 평생교육 실습을 충실히 이행한다. — 피치 못 할 사정으로 결석하게 될 때에는 기관으로 미리 연락한다. — 실습기관의 실습생으로서 실습기간동안 알게 되는 수강생과 기관에 대한 정보는 전문적인 업무 이외에 비밀을 유지해야 한다. ▶ **평생교육사의 역할** — 프로그램 개발, 진행, 운영하는 운영자로서의 역할과 교육과정의 효과를 분석하고 평가하는 평가자로서의 역할을 한다. — 학습정보를 제공하고 생애개발을 지원하는 상담자로서의 역할을 하며, 개발된 교육과정을 전달하고 강의하는 교수자로서의 역할을 한다. ▶ **구체적 실습목표정하기** — 총 160시간 실습을 진행하는 동안 하루 8시간, 20일 기간의 세부실습일정과 실습교육내용을 정해주셨고, 계획표의 내용을 간략하게 설명해 주셨다. — 일정별 실습내용에 대해 파악하였으니 실무에 접할 때 부족한 점이 무엇인지 점검해보고, 이를 제대로 익히기 위해 적극적인 자세로 실습에 임해야 한다. [13:00~18:00] 교육프로그램 운영 지원 ▶ **학습자 관리 및 지원** — 직업상담사 2급 필기 시험장인 광주공업고등학교를 방문하여 기관 수강생들에게 간식 및 준비물을 나눠주었다. — 시험 종료 후 기관으로 돌아와 직업상담사 2급 필기 당일 시험문제 및 답안을 검토하였다. [필수1-③.④ 오리엔테이션 / 선택2-④ 교육프로그램 운영 지원]					
실습소감 및 자기평가 (협의사항 포함)	오전 실습을 마치고 13시30분 직업상담사 2급 필기시험장으로 향했다. 교육기관에서 수강한 교육생들을 위해 간식을 제공하고 수성사인펜 등 준비물을 체크해주시며 합격을 기원해주는 기관 선생님들의 모습이 인상적이었다. 평생교육이란 따뜻한가 인간에 대한 배려가 있어야 진정한 교육으로서의 성과가 있는 것은 아닐까 하는 생각이 들었다.				

실습일지 (5일차)

실습일	2018년 09월 07일 (금요일)			실습지도자 확인	(서명 또는 인)
실습시간	출근일시	퇴근시간	식사시간	지각/조퇴결근 여부(사유)	실습시간
	09:00	18:00	12:00~13:00	무	8시간

실습내용

[09:00~18:00] 행정업무
▶ **기안 및 공문서 모의 작성**
― 본 기관에 보관된 발신·수신문서를 참고하여 기안 내용 및 공문서의 필수 서식을 알아보았다.
― 기안은 사업이나 활동계획의 초안으로써 기안을 통해 사업의 대략 내용을 정확하게 파악할 수 있어야 한다. 그리고 공문서를 통해 해당 기관의 이미지가 좌·우 될 수 있기 때문에 작성 시 오탈자 및 필수 서식을 필히 점검해야 하며, 정확하고 꼼꼼하게 작성해야 한다.
― 오후에 공문서를 직접 작성해보고 실습지도자님께 검사를 받아야 해서 공문서의 점 하나까지도 세세하게 살펴보았는데, 필수서식과 내용을 검토하다보니 어떤 기관은 필수서식에서 발생 된 오탈자나 내용이 미흡한 부분도 있다는 것을 알 수 있었다. 모든 기관이 동일 서식으로 발송하지 않는다 하더라도 필요부분에 대해서는 꼼꼼한 처리가 필요하다는 것을 확인하였다.
― 점심 식사이후 현재 광주광역시 교육청에서 공고중인 2017년 소외계층 평생교육프로그램 지원 사업 공고문을 검토하고, 본 기관이 해당 사업에 지원하겠다는 가정 하에 공문서를 직접 작성해 보았다.
― 우선 해당 공고문에서 밝히는 사업목적, 사업기간 및 예산, 신청자격, 프로그램 지원 영역, 프로그램 운영 대상 및 조건, 지원내역, 신청절차 및 서류, 기타 행정사항 등의 내용을 꼼꼼히 검토해야만 본 기관에서 지원하고자 하는 내용을 정확하게 전달할 수 있으므로 대략적인 프로그램의 내용도 생각해봐야 했다.
― 기안 및 공문서 작성 후 실습지도자님께 몇 차례 검사받고 수정하는 시간을 통해 정확한 작성법을 알게 되었고, 마지막으로 본 기관의 직인까지 찍어봄으로써 공문서의 효력 발생에 대한 의미를 알게 되었다.

[필수2-① 행정업무]

실습소감 및 자기평가 (협의사항 포함)

평생교육사의 업무 중 프로그램의 기본적인 승인을 얻기 위해 필요한 기안 및 공문서 작성의 중요성을 알게 된 시간이었다. 실 업무에 투입된 이후에는 매번 작성하고, 발신하고 수신 받아야 할 공문서라서 가볍게 생각 들 수 있겠지만 기관 대 기관의 신뢰관계의 밑바탕이 되는 공문서는 무겁고 또한 신중하게 작성되어야 할 중요한 문서란 생각이 들었다.

실습일지 (6일차)

실습일	2018년 09월 10일 (월요일)			실습지도자 확인	(서명 또는 인)
실습시간	출근일시	퇴근시간	식사시간	지각/조퇴결근 여부(사유)	실습시간
	09:00	18:00	12:00~13:00	무	8시간
실습내용	**[09:00~18:00] 행정업무** ▶ **사업예산(안) 편성안내** ─ 사업예산은 사업의 수입과 지출의 내용을 편성하는 것이다. ─ 사업예산안을 편성할 때 먼저 예상되는 수입과 지출을 판단해 봐야 하고 수익을 목적으로 하는 기관에서 수입보다 지출이 클 경우 손실이 발생될 수밖에 없기 때문에 적정선에서 수입과 지출내역을 파악해야 한다. 실습지도자님께서 예시로 지원 학습자 인원에 따른 변동수입과 같은 내용을 말씀해주셨고 사업예산안을 편성할 때 필히 고려해봐야 할 내용이라고 하였다. ─ 어제 작성해본 공문서를 참고로 지원사업 공고에 따른 지원금액을 기준으로 프로그램의 내용을 생각하며 오후시간동안 사업예산을 편성해보기로 하였다. ─ 우선 사업예산으로 크게는 강사비, 교재비, 재료비, 홍보비, 운영비 등을 들 수 있으며 작게는 더 많은 지출항목들이 발생하는데 강사비의 책정, 교재비의 책정 및 재료비, 홍보비, 그리고 운영비의 예시 등 상세목록을 알게 되었다. ─ 광주광역시 교육청 공고에 따른 지원금액은 1기관 당 200만원이었으며, 모집정원은 15명~40명, 운영시간은 최소 25차시 이상(1차시=50분)이었다. 지원금액은 구분별로 비용에 대한 제한사항이나 지원불가 항목도 기재되어 있었기 때문에 해당내용까지 고려하며 사업예산을 편성해야 했다. ─ 사업예산을 편성하며 어떤 프로그램인가? 어디에서 강의가 이루어지는가? 누가 강의하는가? 누구를 대상으로 하는가? 교재는 무엇으로 할 것인가? 홍보는 어떻게 진행해야 하는가? 기간 내 운영비는 어느 정도인가? 등 세세한 항목까지 고민해야 했다. ─ 직접 작성해본 사업예산안의 내용을 가지고서 실습지도자님께 피드백 받는 시간을 가졌다. [필수2-② 행정업무]
실습소감 및 자기평가 (협의사항 포함)	실습지도자께서 요청한 내용대로 예산을 편성 해 보려 할 때 사업을 공고한 기관의 지원사업의 지원금액에 따른 제한사항까지 검토해야하고 강사와의 비용협의나 예상하기 힘든 모집인원수 등 변동 폭이 큰 내용들을 책정하기가 난해한 부분이 있어 예상보다 어려운 시간이었다. 어느 정도의 지출비용으로 효과적이고 만족스런 교육이 될 수 있을까도 고민 되었지만 사업예산의 효율적으로 편성되어야만 기관이 안정적으로 유지가 되고 직원들의 안정적인 수입원이 될 수밖에 없기 때문에 적정선에서 예산을 편성하기 위해서는 많은 고민이 필요한 업무라 생각하게 되었다.

실습일지 (7일차)

실습일	2018년 09월 11일 (화요일)			실습지도자 확인	(서명 또는 인)
실습시간	출근일시	퇴근시간	식사시간	지각/조퇴결근 여부(사유)	실습시간
	09:00	18:00	12:00~13:00	무	8시간
실습내용	**[09:00~12:00] 실습기관 관련법 및 정책이해와 기관분석** ▶ **국가평생교육진흥원 홈페이지 분석** — 실습지도자께서 국가평생교육진흥원과 광주평생교육진흥원의 홈페이지에 직접 접속하여 카테고리와 세부내용을 설명해 주었다. — 평생교육의 주요사업과 이루어지는 내용 등 세밀한 부분까지 알아가는 시간이었다. 'K-MOOC'를 통해 국제적 이동성 증가에 대비한 국내 고등교육의 경쟁력을 제고 한다는 내용과 연도별 추진방향 등에 대한 계획, '평생학습계좌제'를 통해 개인의 학습경험을 관리하여 학력·자격인정을 연계하거나 고용정보로 활용하여 취업 시 활용할 수 있다는 생소한 내용을 접하게 되었다. — 국가평생교육진흥원을 통해 알게 된 사업 중 일부 사업은 적용하고 활성화하는데 어떠한 어려움이 있는지에 대한 설명을 들으며 실제로 가치가 있는 사업의 재검토와 개인의 평생교육에 직접적인 활용이 되는 대중적인 평생교육사업으로 정착하기까지는 많은 시간과 노력이 필요할 것이다. **[13:00~18:00] 실습기관 관련법 및 정책이해와 기관분석** ▶ **6진 분류에 의한 프로그램 파악** — 편의점의 물건 진열대처럼 일상생활에서도 자연스럽게 분류에 관한 다양한 경험들을 한다는 내용을 시작으로 실습지도자께서 6진 분류표를 설명해 주었다. — 많은 국가들이 자국의 상황에 맞게 다양한 방식으로 평생교육 프로그램을 분류하고 있으며, 우리나라의 경우는 2007년 이후 평생교육 프로그램을 통계의 차원에서 분류하여 발표하고 평생교육기관에서 매년 주기별, 단기별로 평생교육 프로그램을 분류하여 제공함으로써 평생학습자의 참여를 유도하는데 활용하고 있다고 하였으며, 우리나라 평생교육법에 명시된 평생교육의 6대 영역을 고려하여 한국평생교육 프로그램 6진 분류표를 기준으로 6개의 대분류와 18개의 소분류로 구분하여 모든 평생교육 프로그램을 유형화 시키고, 평생교육의 정책을 수립하고 발전방향을 모색하는데 중요한 자료가 된다고 하였다. — 6개의 대분류는 기초문해교육, 학력보완교육, 직업능력교육, 문화예술교육, 인문교양교육, 시민참여교육이 있으며 본 기관에서 진행 중인 프로그램과 대비하여 상세하게 살펴보는 시간을 가졌다. [선1-① 실습기관 관련법 및 정책이해와 기관분석]
실습소감 및 자기평가 (협의사항 포 함)	국가평생교육진흥원의 홈페이지는 최근 업데이트 내용이 부족한 것 같아 아쉬움이 남았다. 6진 분류를 통해 학습기관들의 프로그램들이 단순하게 만들어지는 것이 아니라 기본적은 틀 안에서 구체적으로 만들어진다는 것을 알게 되었다. 이 분류법을 이용한다면 새로운 평생교육프로그램을 기획할 때 학습목적과 목표가 뚜렷한 기획이 가능할 것이라는 생각을 하게 되었다.

실습일지 (8일차)

실습일	2018년 09월 12일 (수요일)			실습지도자 확인	(서명 또는 인)
실습시간	출근일시	퇴근시간	식사시간	지각/조퇴결근 여부(사유)	실습시간
	09:00	18:00	12:00~13:00	무	8시간
실습내용	**[09:00~12:00] 교육프로그램 운영 지원** ▶ **학습정보DB 관리 및 지원** — 기관 내 사무용품 및 교재를 정리하고 문서 자료 정리를 하였다. — 기관외벽 및 내부 게시판 정리를 위해 기존 자료 및 공고문을 제거하고 새로운 취업정보와 기관일정표를 게시하였다. — 직업상담사 필기 주말 학습자를 위한 이론 출력물을 정리하여 배포 하였다. **[13:00~18:00] 유관기관 방문 및 관련 행사 참석** ▶ **유관기관 프로그램 조사 및 분석을 위한 방문 – 양림동 역사문화마을** — 광주 양림동은 근대 문화역사의 거리, 혹은 100년의 역사를 간직한 곳, 광주에 기독교가 처음으로 들어온 곳으로 알려져 있다. — 펭귄마을은 골목길에 과거의 물건으로 작품을 만들어 장식해 놓아 볼거리를 제공한다. 이장우 가옥과 최승효 가옥은 사정상 들어가 보지는 못했다. 한희원 미술관은 양림동 출신인 한희원씨가 양림동을 배경으로 그린 작품들이 있었고, 우일선 선교사 사택은 과거의 건축양식이 보존되어 있어 즐거움이 있었다. 골목 곳곳 벽화가 있고, 과거 한옥 집에 통유리로 만든 커피숍, 퓨전 맛집 등 볼 거리, 먹 거리가 풍부한 곳으로 자리매김하고 있었다. — 골목안쪽에는 1930년대 복장으로 갈아입을 수 있는 양림쌀롱이 있었다. 거리의 옛 풍경과 어울리게 옛 복장으로 갈아입고 사진을 찍을 수 있어 젊은 연령의 관심이 많은 곳 이었다. — 양림동에 남겨져 있는 문화 유적지를 연계한 관광을 통해 과거와는 달리 지역자체가 생기가 생겼다는 걸 느낄 수 있었고 평생교육 프로그램 및 관광자원을 활용한 지역관광의 대중화를 통해 지역자체가 활성화 될 수 있음을 체감한 시간이었다. [선택2-③ 교육프로그램 운영 지원 / 선택3-① 유관기관 방문 및 관련 행사 참석]
실습소감 및 자기평가 (협의사항 포함)	과거의 양림동과는 달라진 분위기의 거리를 걸으며 실습지도자님께서 들려주신 이야기를 통해 양림동의 다른 모습을 느낄 수 있는 시간이었다. 사실 과거에는 양림동에 이런 역사가 있다는 생각은 해보지 않았던 게 사실이다. 이렇게 현존하는 건축물, 예술작품, 그리고 쓰레기가 되어버린 오래된 물건이 작품이 되어 마을을 생동감 있게 변화시켜 광주의 대표적인 관광지가 되어 있는 모습에 놀랐다.

실습일지 (11일차)

실습일	2018년 09월 17일 (월요일)			실습지도자 확인	(서명 또는 인)
실습시간	출근일시	퇴근시간	식사시간	지각/조퇴결근 여부(사유)	실습시간
	09:00	18:00	12:00~13:00	무	8시간
실습내용	**[09:00~18:00] 유관기관 방문 및 관련 행사 참석** ▶ 유관기관 프로그램 조사 및 분석을 위한 방문 – 평촌 생태마을 ― 본 기관에서 아침시간 일정을 간략하게 마치고 원장님의 차를 타고 광주에서 각종 체험 및 교육 프로그램을 진행하기로 유명한 평촌 생태마을로 향했다. 마을 도입부에는 관광을 위한 지도가 있었지만 조그맣게 표시가 되어 있어서 위치를 알아보기가 쉽지는 않았다. ― 광주 평촌 생태마을은 무등산 깃대종인 천연기념물 수달이 서식하는 지역으로 생태환경이 우수한 마을로 2016년 환경부에서 지정한 생태관광마을이다. ― 길목에는 무돌길 쉼터와 반디민박이 있어 마을을 찾는 이들에게 휴식처를 제공한다. 무돌길 쉼터는 마을 공동수익창출을 위해 마을주민들이 모여 조성한 공간이며 이곳에선 마을에서 직접 재배한 농산물과 계절마다 생산되는 재료로 만든 음식을 맛볼 수 있다. 반디민박은 마을회관 2층에 자리 잡고 있는 민박시설이며 탐방객의 휴식을 위한 공간으로 조성되었다고 한다. ― 주요프로그램으로는 먹거리 체험, 농촌체험, 만들기 체험, 생태체험이 있었고 사전예약을 통해서만 체험을 할 수 있었다. 자연을 만끽하며 체험을 할 수 있는 공간으로는 적합한 환경이었지만 예약을 해야지만 체험할 수 있다는 것이 아쉬웠다. ― 점심을 먹고 잠시 들른 곳에서 트리하우스를 발견하였다. 그곳에서 평촌 마을 부녀회상인 공ㅇㅇ님을 만날 수 있었는데 평촌 생태마을의 프로그램은 오랜 기간 동안 마을주민들의 반상회를 통해 자연과 전통을 간직하기 위해 지혜를 짜낸 마을이라고 했다. ― 트리하우스는 여러 아빠들이 각기 재능을 살려 아이들을 위해 나무위에 작은 집을 만든 것이라고 하였다. ― 이렇게 마을주민들의 협력으로 좋게 짜여 진 프로그램들이 더욱 활성화되기 위해서 마을의 적극적인 홍보와 교통 및 편의시설을 보완하고 좋지 않을까 생각해 보는 시간이었다. [선택3-① 유관기관 방문 및 관련 행사 참석]
실습소감 및 자기평가 (협의사항 포함)	평촌 생태마을은 언론에 소개된 내용과는 사뭇 다르게 운영이나 관리가 소홀한 것 같았다. 방문 시 따로 안내를 해주는 지도나 안내책자 같은 것들이 없어 관심을 가지고 방문하거나 체험을 목적으로 방문하지 않는다면 아까운 시간이 될 수도 있을 것 같기도 했다. 하지만 마을 주민이 서로 협력하여 지속적인 대화를 통해 생태마을을 만들게 되었다는 계기가 인상적이었고, 체험만이 아닌 다른 프로그램을 연계하거나 개발·홍보한다면 도시지역주민들의 관심과 더불어 더욱 활성화 될 수 있는 자원이 풍부한 곳이라 생각되었다.

실습일지 (12차)

실습일	2018년 09월 18일 (화요일)			실습지도자 확인	(서명 또는 인)
실습시간	출근일시	퇴근시간	식사시간	지각/조퇴결근 여부(사유)	실습시간
	09:00	18:00	12:00~13:00	무	8시간
실습내용	**[09:00~12:00] 평생교육 모의 프로그램 기획** ▶ **예일평생교육원의 주요 프로그램 조사** ― 본 실습기관의 프로그램에 대한 조사는 실습지도자님께서 현재 모집기간 중인 프로그램과 이미 모집되어 진행 중인 프로그램을 모두 확인 해보고 주요 프로그램에 대한 세부 분석을 오후시간에 진행하기로 했다. ― 우선 기관 내 홍보물과 실습지도자님의 말씀을 토대로 조사해 본 결과 직업능력교육으로는 개인정보보호사, 직업상담사 2급 필기, 직업상담사 2급 실기, 진로탐색지도사, 강사양성과정이 있었고 문화예술교육으로는 미술심리지도자, 음악심리지도자, 냅킨아트지도자, 커리컬쳐그리기가 있었다. 시민참여교육으로는 책놀이지도자, 성희롱예방교육강사, 클레식 음악을 알자와 기초문해교육인 한글교실이 진행 또는 모집 중에 있다. **[13:00~18:00] 평생교육 모의 프로그램 기획** ▶ **예일평생교육원의 주요 프로그램 분석** ― 직업상담사 2급을 분석할 대상 프로그램으로 선정한 이유는 현재 기관에서 운영 중인 프로그램들 중 진행과정상의 체계성, 내용의 충실성(강사, 교수, 내용, 교재 및 자료 등), 재정적 기여 등 해당 기관 기여하는 바가 가장 크기 때문이라고 생각하였다. 더불어 높은 합격률, 학습자의 만족도 또한 높은 것으로 평가되어 있다. ― 직업상담사 2급 과정은 필기(1차)반, 실기(2차)반, 문제풀이반(속성반), 강사양성반이 있으며, 평일반·오후반·주말반으로 나누어 운영한다. 수업시간과 기간은 평일반 기준으로 오전 9시30분~오후 15시까지 주5일, 3개월 단위 교육을 진행하는 수업과 오후반 19시~22시까지 주3일, 2개월~3개월 단위 교육을 진행하는 수업이 있다. ― 교육대상으로는 일반인과 재직자, 실업자가 있는데 대상이 된다면 국가에서 지원 가능한 내일배움카드를 이용하여 수강이 가능하다. [필수3-① 모의 프로그램 기획]
실습소감 및 자기평가 (협의사항 포함)	오전 중 실습지도자님께서 평생교육의 프로그램을 설명해 주시면서 앞으로 개선이 되어야 할 프로그램과 앞으로 평생교육사가 된 이후에 추진해 보면 좋을 법한 프로그램이 어떠한 것일지 함께 이야기 나누면서 즐거운 시간을 가졌다. 실로 4차 산업혁명의 직전의 현 시대에서 평생교육 또한 진행방식 뿐만 아니라 교육내용 등노 낳은 변화가 필요하시 않을까하는 생각을 해보는 계기가 된 시간이었다.

실습일지 (14일차)

실습일	2018년 09월 20일 (목요일)			실습지도자 확인	(서명 또는 인)
실습시간	출근일시	퇴근시간	식사시간	지각/조퇴결근 여부(사유)	실습시간
	09:00	18:00	12:00~13:00	무	8시간

실습내용	**[09:00~12:00] 평생교육 모의 프로그램 기획** ▶ **모의 평생교육 프로그램 개발 준비** — 모의 프로그램 기획에 앞서 대학 및 공공·민간 평생교육원에서 실시되고 있는 프로그램을 비교해 보는 시간을 가졌다. — 위 기관의 홈페이지를 통해 현재 진행되는 다양한 평생교육 프로그램을 접할 수 있었다. — 전남대학교 평생교육원의 심리상담사기초, 심화 과정과 고품격스피치매너 과정 프로그램 계획안을 통해 프로그램을 분석하는 시간을 가졌다. — 모의 프로그램은 주제는 이전에 방송통신대학교 가족교육론 과제로 제출 했던 예비·신혼부부를 위한 결혼생활에 대한 교육으로 선정하고 직접 초안을 작성해 보았다. — 프로그램의 목적과 필요성, 프로그램의 세부계획, 교육과정 및 시간표, 강사와 교재선정, 시설 설비현황, 사업비 집행 계획, 추진일정, 모집계획, 평가계획, 기대효과 등에 유념하면서 작성하라고 하셨으나 모의 프로그램이기에 우선은 몇 가지 내용을 제외하고 프로그램의 계획안을 작성해 보기로 하였다. **[13:00~18:00] 평생교육 모의 프로그램 기획** ▶ **모의 평생교육 프로그램 개발** — 모의 프로그램을 개발하면서 학습목표에 따른 강의계획과 주제를 선택하는 부분이나 수업시간별 진행내용을 구성하는데 많은 시간이 소요 되었다. — 작성해본 모의 프로그램의 초안 및 계획안을 가지고 피드백 받는 시간을 가졌다. 수업주제는 간략해야 하며 강사나 학습자가 한눈에 알아볼 수 있어야 한다고 해서 수정작업을 하였다. [필수3-③ 모의 평생교육 프로그램 개발]
실습소감 및 자기평가 (협의사항 포함)	모의 평생교육 프로그램 개발을 위해서 실습지도자께 지속적인 피드백을 받았다. 기존에 이미 작성해놓은 과제를 가지고서 기획하는데도 불구하고 많은 어려움이 따랐다. 실습지도자께서 하루 만에 프로그램 개발을 하기는 어렵다는 위로의 말씀을 해 주셨지만 지금까지 다른 교육을 받으면서도 프로그램에 대한 접근이 학습자로써가 아닌 프로그램 개발자로 접근하는 부분에 대한 시각차이가 크다는 것도 알게 되었다. 지금까지 실습을 하면서 가장 어려운 날이 아니었다 싶다.

실습일지 (17일차)

실습일	2018년 09월 27일 (목요일)			실습지도자 확인	(서명 또는 인)
실습시간	출근일시	퇴근시간	식사시간	지각/조퇴결근 여부(사유)	실습시간
	09:00	18:00	12:00~13:00	무	8시간
실습내용	[09:00~18:00] 평생교육 모의 프로그램 기획 ▶ **평생교육 모의 프로그램 발표 및 피드백** ─ 직접 만들어 본 모의 프로그램을 발표하고 피드백 받는 시간을 가졌다. ─ 모의 프로그램명은 예비·신혼부부를 위한 결혼생활과 교육이다. ─ 사전조사의 개발 필요성은 개인이었던 남·여와 부부가 됨으로써 겪게 되는 갈등을 최소화하여 가족문제를 예방하기 위함이며, 학습자 요구분석은 서로 다른 가정환경 또는 가족관의 차이에서 오는 이해가 필요하다는 것이다. ─ 학습목표는 가족문제의 방지와 개선을 위한 교육적 차원의 개입을 실시함으로써 예비·신혼부부의 결혼생활 능력을 강화한다는 것이다. ─ 학습대상자는 결혼 전 또는 결혼 후 커플 4쌍(8명)이다. ─ 소요예산 항목은 강사비, 교재비, 재료비, 홍보비, 운영비로 했다. ─ 세부계획으로 홍보 및 마케팅 계획은 전단지와 현수막, 홈페이지를 활용하기로 하고, 웨딩업체와 사업체 및 지역아파트 게시판을 이용하여 전단지를 배부, 게시하기로 했다. ─ 평가계획은 강의마지막 시간을 활용하여 설문으로 진행하기로 했다. ─ 발표 후 실무지도자의 피드백 내용은 일정과 강의시간이 너무 빠듯하기 때문에 진행일정과 시간을 변경해야 한다는 것과 강의주제가 부정확해서 전달하고자 하는 목표가 정확하지 않을 수 있기 때문에 변경해야 한다는 등의 내용이었고, 피드백 내용에 따라 다시 모의 프로그램을 재수정하는 시간을 가졌다. ─ 프로그램에 따른 교육방식과 연령, 성별 등 대상별 맞춤형 프로그램의 운영방법, 교육 수요자의 요구에 따른 교재 제작이나 홍보 및 마케팅에 대한 구체적인 방안 등에 대한 내용과 기관의 기자재의 종류와 활용 방법 등에 대해서도 알게 되었다. [필수3-③ 모의프로그램 기획]
실습소감 및 자기평가 (협의사항 포함)	몇 일간의 프로그램 개발관련 실습을 통해서 평생교육의 가장 중요한 내용이 프로그램의 기획·개발이라고 생각을 하였다. 함께 하는 실습생들도 가장 어렵게 느껴졌던 부분이라고 서로 공감하며 프로그램을 계속 수정했다. 프로그램 개발에 대한 전체적인 틀은 앞서 배운 요구조사나 기업분석 등 여러 가지 자료 분석을 거치지 않고서는 절대 이루어질 수 없겠다는 생각을 하게 되었고 개발로서만 끝나는 것이 아니라 해당 프로그램이 홍보되고, 운영되고, 유지되기까지도 많은 준비와 전문성이 필요한 업무라는 것을 새삼 깨닫게 되었다. 평생교육사가 다각도의 업무를 다 잘하면 좋겠지만 전체를 아우르되 분업이 잘 이루어져야지만 더욱 전문적이고 효율적인 교육이 이루어지리라 생각되었다.

실습일지 (18일차)

실습일	2018년 09월 28일 (금요일)			실습지도자 확인	(서명 또는 인)
실습시간	출근일시	퇴근시간	식사시간	지각/조퇴결근 여부(사유)	실습시간
	09:00	18:00	12:00~13:00	무	8시간
실습내용	[09:00~18:00] 유관기관 방문 및 관련 행사 조사 ▶ **평생학습 관련 행사 조사** — 평생학습박람회는 크게 대학민국 평생학습박람회와 지역 평생학습박람회로 구분할 수 있다. — 실습일정에 맞지 않아 실제 대한민국 평생학습박람회를 참석할 수는 없기 때문에 과거 진행 된 박람회의 규모 및 행사에서 알 수 있는 평생학습의 내용을 해당 홈페이지를 통해 검토하기로 했다. — 대한민국 평생학습박람회는 2012년 11월부터 현재까지 매년 이루어지고 있으며 2016년 9월22일~9월25일 진행된 박람회는 5회를 맞이했다. — 현재는 2015년 4회, 2016년 5회 대한민국 평생교육박람회 홈페이지만 검색할 수 있었다. — 5회 대한민국 평생학습박람회는 거창군 일원(거창 스포츠파크 등)에서 진행 되었고 전국의 평생학습 관련기관 및 국민이 참여하는 평생학습 공유의 장을 마련하고 기관 및 학습자의 평생학습 결과물을 전시, 우수사례를 발표 등을 통해 국민의 평생학습 참여 동기부여 및 국가 평생학습 문화진흥에 기여했다. — 주최는 교육부, 주관은 거창군, 경상남도, 도교육청, 국가평생교육진흥원이다. — 공식행사인 개막식 일정을 알 수 있었고 주제관, 홍보·체험관, 전시관이 있는데 주제관에서는 평생교육정책사업 안내, 상담, 국정과제 등 교육정책 홍보관이 있으며, 참가기관은 홍보·체험판 180여개, 전시관 50여개 기관이다. — 부대행사는 전국 청소년 로봇 대회, 전국 토론토의 대회, 전국 평생학습동아리 경연대회 등이 있다. — 컨퍼런스는 국제학술대회(아시아 지역의 지역학습센터의 현황과 발전 과제), 평생교육인의 밤(토크 콘서트), K-MOOC현황과 발전과제, 평생학습대학 현황과 향후 과제 등이 있다. — 현재까지 진행 된 박람회에 대한 전체일정이나 전체 행사내용을 한눈에 볼 수 있는 홈페이지는 확인 할 수 없었고, 기사와 홈페이지를 통해 개별적인 내용으로 검토해야 했다. [선택3-② 유관기관 방문 및 관련 행사 참석]
실습소감 및 자기평가 (협의사항 포함)	사전조사를 통해 평생교육박람회에 대한 일정을 살펴보면서 비록 이번 실습일정에는 기간이 포함되지 않아 참석해보지 못했지만 기회가 된다면 이번년도 연말에 있을 박람회에 직접 참여하여 평생교육의 여러 가지 모습을 한눈으로 보고 싶다는 생각을 하였다.

실습일지 (20일차)

실습일	2018년 10월 01일 (월요일)			실습지도자 확인	(서명 또는 인)
실습시간	출근일시	퇴근시간	식사시간	지각/조퇴결근 여부(사유)	실습시간
	09:00	18:00	12:00~13:00	무	8시간
실습내용	[09:00~12:00] 교육프로그램 운영지원 ▶ 학습정보DB 관리 및 지원 — 전산프로그램으로 학습자 출결 확인 및 출석부를 정리하였다. — 직업상담사 요약이론을 출력·정리·배부하였다. — 이번 주 종강을 앞둔 학습자 만족도 조사 실시 자료 정리를 하였다. [13:00~18:00] 실습평가 ▶ 평생교육 현장실습 평가회 — 오전 중에 실습지도자께 실습일지 및 제출서류를 점검 받는 시간을 가졌다. 실습기간 동안의 총체적인 업무를 재정비하고, 검토해 볼 수 있었다. — 평생교육 현장실습을 통해서 알게 된 내용 중 기관분석, 학습자 요구분석, 모의프로그램 개발 관련 등으로 집중적인 설명을 해 주시면서 현실적인 적용까지의 과정과 어려움에 대해 알게 되었다. — 실습관련 피드백을 받은 후 실습기간 중에 아쉬웠던 점 및 좋았던 점을 공유하고, 나 스스로를 평가해보는 시간도 가졌다. — 다른 실습생들과 낯선 업무들을 고민하고, 생각하고, 발표하던 일정에 대해 대화하는 시간을 가졌다. — 종합적인 평가를 한 이후 평생교육사 자격이수 이후 취업할 수 있는 기관과 급여 등에 대한 내용 등을 공유하며 평생교육사로서의 실업무가 이루어질 수 있도록 취업기관에 대한 방향까지 제안해주셨다. — 평생교육사의 업무 영역 및 나아가야할 방향과 예일평생교육원의 발전방향에 대한 의견 등을 교류할 수 있는 시간을 가졌다. [선택3-③ 교육프로그램 운영지원 / 필수4 실습평가]
실습소감 및 자기평가 (협의사항 포함)	실습 초기 평일에는 출근하고, 주말에는 실습해야 하는 버거움으로 4월에 직장을 퇴사하고 개인적인 사정으로 인해 실습지도자님과 실습 일정을 재조정하면서 선택과 고민이 뒤엉킨 날들이었다. 하지만 막상 지나고 보니 막연하고 불안했던 처음과는 다르게 짧게만 느껴진 실습기간에 많은 아쉬움이 남는다. 실습을 통해서 평생교육사 업무에 대해 완벽한 숙지가 이루어졌다고는 할 수 없지만 이번 계기로 알게 된 기본적인 평생교육에 대한 지식과 업무노하우, 정보탐색 및 분석 방법 등을 통해 기초적인 업무를 알게 되었다고 생각한다. 실습기간 동안 너무 많은 질문과 확인을 요구했음에도 성실히 답변해주시고 관심 가져주신 실습지도자님께 감사하고, 입무 외직으로도 추후 평생교육사로서 가능한 비전제시와 실습기간을 무사히 마칠 수 있도록 끊임없이 동기부여 해주시고 가족처럼 대해주신 원장님께 감사하다.

실습지도 기록서

실습지도자 :　　　　(서명 또는 인)

주차	실습지도자 의견
1주차	평생교육사의 길은 이제 초석을 다지는 시기입니다. 수많은 선배들이 고생하고 앞서 걸어가고 있지만 아직은 그 고생에 비해 미흡합니다. 그만큼 할이 많겠지요. 각 부서들의 업무를 잘 숙지하시고 직원들과 원만한 관계로 배우는 자세로 임하여 주세요 적극적이고 배우려는 자세는 매우 중요합니다. 평생교육사의 역할을 잘 숙지하시고 실습기간 중에 세운 목표를 잘 이루시고 많은 것을 배우고 가셨으면 합니다. 공문서도 여러 공공기관의 공문서와 일반사업장의 공문서들을 잘 살펴보았듯 기관만의 서식이 있다는 걸 알았다면 자신이 소속될 기관의 특징에 맞는 공문서도 만들어 볼 수 있어야 합니다.
2주차	교육원의 객관적인 분석은 교육원의 향후 발전과 밀접한 관계가 있습니다. 철저하게 개관적 입장을 고수하는 것이 바람직합니다. 본 교육원의 프로그램을 분석하고 완벽하게 이해하고 있어야 학습자에게 가장 적합한 학습디자인을 해 줄 수 있습니다. 이제 좀 더 평생교육실습생답게 다가가 보도록 하세요. 수강생에 대한 자료는 항상 직원들과 함께 공동으로 열람하시고 개인정보는 소중히 다루어야 합니다. 프로그램에 대한 홍보자료는 여러 경로로 진행 합니다.
3주차	생략
4주차	생략

Ⅳ. 평생교육실습 첨부서류

▶ 필수1-① 오리엔테이션 / 기관분석

▶ 필수1-② 오리엔테이션 / 기관 네트워크 현황분석

▶ 필수2-① 행정업무 / 공문서 처리 및 관리 상황

▶ 필수2-① 행정업무 / 기안 및 공문서 모의 작성

▶ 필수2-② 행정업무 / 사업예산(안) 편성

▶ 필수3-① 모의 프로그램 기획 / 기관 주요 프로그램 조사 및 분석

▶ 필수3-③ 모의 프로그램 기획 / 모의 평생교육 프로그램 개발 (초안)

▶ 필수3-③ 모의 프로그램 기획 / 모의 평생교육 프로그램 개발 (세부계획)

▶ 필수3-④ 모의 프로그램 기획 / 모의 평생교육 프로그램 홍보 및 마케팅 계획

▶ 필수3-④ 모의 프로그램 기획 / 모의 평생교육 프로그램 홍보용 전단지

▶ 선택1-① 실습기관 관련법 및 정책이해와 기관분석

▶ 선택1-② 실습기관 관련법 및 정책이해와 기관분석 / 기관 SWOT 분석

▶ 선택2-⑤ 교육프로그램 운영 지원 / 프로그램 모니터링과 분석

▶ 선택2-⑥ 교육프로그램 운영지원 / 학습자 성향과 특성 분석

▶ 선택3-① 유관기관 방문 및 관련 행사 참석 / 양림동 역사문화마을

▶ 선택3-① 유관기관 방문 및 관련 행사 참석 / 평촌 생태마을

▶ 최종 실습평가회 실습학생 후기

지역사회에 대한 이해	지역사회 특성	― 문화·예술 중심도시, 전통적인 교육도시, 유서 깊은 애국충절 도시임 ― 수도권 지역에 비해 기업체나 큰 공장들이 많지 않아 실업률이 높고 전국에서 국비지원교육 신청률이 가장 높으며 훈련기관 도 가장 많음
	지역주민 특성	― 광주는 소비도시로 불리며 기업체나 공장이 많지 않아 타 지역에 비해 일자리가 부족해 실업률이 높은 편이고 청년 인구들이 타 지역으로 많이 유출됨
기관에 대한 이해	기관의 이념 및 비전	― 예일평생교육원은 지식인력개발 법인 예일평생교육원주식회사에서 설립한 평생교육시설이며, 참다운 인재양성을 목적으로 운영됨
	기관의 구조 및 환경	― 북구 금남로에 위치해 있으며 시내 근거리에 위치하여 교통편이 편리함 ― 고용복지플러스센터와 인접해 있어 수강문의 및 등록이 편리함
	기관의 주요 정책 및 사업	― 사회복지현장에서 근무하는 사회복지사 및 치료사와 행정담당자를 위한 실무교육 ― 예술치료분야에서 근무하는 치료사를 위한 음악치료, 미술치료, 무용치료, 독서치료 등의 전문적인 교육 ― 일반인을 대상으로 하여 취업기회 제공 및 자격증 취득을 위한 교육
실시 프로그램에 대한 이해	실시 프로그램의 목적	― 직업선택과 진로설정, 취업을 위한 교육훈련과정선정 등 취업 준비생이 보다 나은 의사결정을 할 수 있도록 도움을 주는 직업상담사를 양성 ― 고용복지플러스센터, 인력은행, 시·군·구 소개 공공안정기관 및 민간 유·무료 직업소개소 등에 취업할 수 있는 직업상담사2급 자격증 취득을 목표로 함 ― 직업상담학, 직업심리학, 직업정보론, 노동관계법규, 노동시장론 등 직업상담사로써 갖추어야 할 전반적인 지식습득을 목표로 함
	실시 프로그램의 향후 기대 결과	― 기관차원에서는 직업상담사를 많이 양성하고, 전국적으로 배출시켜 전문교육기관으로 거듭나고, 학습자 차원에서는 자격취득을 통해 취업과 직업전환을 도모 할 수 있음
교수원리	학습자에 대한 이해	― 자격취득을 통한 관련분야로 취업하고자 하는 의지 강함
	학습원리	― 자격취득에 대한 충분한 동기부여 및 다양한 정보제공
	학습자 대상 교육원리	― 단순 자격증 취득을 위한 교육이 아닌, 직업상담 전문가는 마음가짐으로 수업해 임하도록 함

▶ 필수 1-② 오리엔테이션 / 기관 네트워크 현황분석

■ 예일평생학습문화센터를 중심으로 각 기관 간역할 분담 및 협력체계 구축
■ 북구청과 동부교육청, 대학과의 연계 협력 사업 추진
■ 광주평생교육진흥원과 지역평생학습협의회의 자문을 통해 내실 있는 평생학습도시 사업 추진

▶ 필수 2-① 행정업무 / 공문서 처리 및 관리 상황

항목	관찰 및 자료수집 내용
공문서의 종류	공문서 발송대장 / 공문서 수신대장 / 공모전 제출서류 / 광주광역시교육청공문 대장 / 광주평생교육진흥원공문 /고용노동부지정서류 / 고용노동부 제출서류 / 계좌제 관련서류
공문서 기안문 작성 요령에 대한 요약	① 발신기관 　문서를 발신하는 기관 명칭, 주소 및 전화번호와 전송번호, 담당자 기재 ② 문서번호 　문서번호는 통상 기관기호, 분류기호, 붙임표 및 문서등록번호로 구성 ③ 시행일자 　최종 결재일을 기재 ④ 보존기관 　공문서인 경우는 공문서의 분류 및 보존에 관한 규칙에 따라 기간기재 ⑤ 수신기관 　'경유'에 발신 기관명 '수신'에 수신기관명을 기재 　내부의 기안문일 경우 내부결재라 기재 ⑥ 문서처리 안 　취급에 관한 사항과 기관장(기관장의 직명과 결재 시 서명과 결재일자), 보존, 보조기관 　과 기안 및 협조로 구성 ⑦ 제목 　전체의 내용을 한 눈에 파악할 수 있는 글로 간단·명료하게 기재 　상대에게 전달하고자 하는 핵심적인 사항을 알 수 있도록 함 ⑧ 내용 　내용은 전문과 주문 및 말문으로 구성하여 작성 　6하 원칙에 따라 간단·명료하게 작성 ⑨ 추신과 첨부문서가 있다면 해당 내용을 기입 ⑩ 발신명은 발신기관의 기관장 명의로 발신 ⑪ 수신처 기본작성
문서결재 의 종류	① 전결 　결재권자가 최종결재권자란에 대신 결재하는 것 ② 대결 　결재권자가 부재 시 결재권을 위임받은 차상위자가 일시적으로 결재 ③ 후결 　긴급한 문서로 결재권자의 사정에 의해 결재 받을 수 없을 때 　차하위자의 결재를 받아 시행하고 사후에 결재 받는 것

평생교육실습 공문서 모의작성

예 일 평 생 교 육 원

수신자 광주광역시교육청
(경유)

제 목 2018년 소외계층 평생교육프로그램 지원서

1. 귀 기관의 무궁한 발전을 기원합니다.

2. 본 교육원에서는 광주광역시교육청 공고 제2018-70호에 의거 2018년 소외계층 평생교육 프로그램 공고에 대한 지원사업을 아래와 같이 지원하오니 적극 협조 바랍니다.

- 아 래 -

    가. 교육기간 : 2018년 10월 1일 ~ 2018년 10월 31일
    나. 교육대상 : 장애인 , 저소득층 , 노인
    다. 교육장소 : 예일평생교육원
    라. 교육프로그램 : 문화예술교육
    마. 교육깅사 : 배※영 강사

별첨 1. 2018년 소외계층 평생교육프로그램 지원사업 신청서 1부
    2. 2018년 소외계층 평생교육프로그램 지원사업 사업계획서 1부
    3. 개인정보 수집·이용, 제3자 제공 동의서 1부. 끝.

예일평생교육원장

담당자 김0희   부원장 배0영   원장 오0근
협조자
시행 예일평생교육원 0318-1(2018. 3. 18)   접수:
우 (61241) 광주광역시 북구 금남로98번길11 광산이씨건물 4층
전화 (062) 523-1199 팩스 (062) 523-1198

▶ 필수 2-② 행정업무 / 사업예산(안) 편성

▶ 2018년 소외계층 평생교육프로그램 지원내역 및 내용

지원 금액(천원): 1기관 당 2,000 / 모집정원: 15~40명 / 운영시간: 최소 25차시 이상(1차시 = 50분)

소외계층 프로그램 운영을 위해 강사비, 교재비, 실습비, 홍보비, 운영비로 지원함

구분		단 가	비 고
강사비	강사	시간당(50분)최대 50,000원	50,000원 초과 신청시 근거서류 첨부 [동일 기관 또는 타 기관에서 최소 20시간이상 강의 시 지급한 근거서류(강사경력 및 자격, 강사비 지급관련 기안 및 내역서, 통장 입금증)제출]
	보조강사	시간당(50분)최대 30,000원	장애인 대상 프로그램으로 중증장애인이 있는 경우, 또한 실습 과정이 있을 경우 예산 범위 내에서 최대 2명까지 지원(중증장애인 : 장애인고용촉진 및 직업재활법 시행령 제4조, 장애인 복지법 시행규칙 별표1에 의한 중증장애기준에 해당하는 자)
교재비		학습자(일반인제외)수 × 120%까지 지원	예시 : 학습자가 30명일 때 36권까지 구입
실습비		수업시간 내 학습자(일반인제외)에게 사용되는 실습비만 지원	수업시간 외 기관차원에서 관리되는 실습비 및 관련 장비(빔프로젝터, 노트북, 컴퓨터, 책상, 의자, 캐비닛, 칠판 등)는 지원하지 않음
홍보비		최대 20만원까지 지원	개강 이전 모집을 위해 사용되는 홍보에 한하며 그 외 홍보물 제작은 자부담
운영비		총금액(강사비, 교재비, 실습비, 홍보비 합계)의 10%를 상한선으로 함	10%를 상한선으로 하되 프로그램 특성에 따라 자율적으로 산출
		프로그램운영자(평생교육사)	5%를 상한선으로 하되 프로그램 특성에 따라 자율적으로 산출

▶ 2018년 소외계층 평생교육프로그램으로 사업예산(안) 편성해보기

예시 -> 지원 금액(천원) : 1기관 당 2,000 / 모집정원 : 20명 / 운영시간 : 30차시(1차시 = 50분)

구분	금액산출	내 용
강사비	50,000원×30차시 = 1,500,000	강사비 산출의 자격 및 학력 등 고려
교재비	20명×10,000 = 200,000	교재 및 출력물
실습비	-	활동이 필요한 비용
홍보비	현수막 100,000 / 전단지 50,000	현수막, 전단지, 배너 등
운영비	운영비 550,000	기관 인건비, 각종세금, 관리비 등

▶ 필수 3-① 모의 프로그램 기획 / 기관의 주요 프로그램 조사 및 분석

프로그램 조사일시	예일평생교육원 프로그램 조사·분석 (04월11일)
프로그램 주제	직업상담사 자격증 취득과정

프로그램
필요성
인식 계기
	- 향후 구직자와 구인자의 연계 및 적성, 흥미에 맞는 취업을 통해 실업을 예방
	  하는 직업상담사의 수요가 증가할 전망
	- 우리나라 국립직업안정기관에서 직업상담과 직업지도를 수행하는 직업지도
	  관 및 직업상담원의 인력부족으로 인해 전문인력 배출 필요
	- 기업체 내 재직자의 고충상담을 하는 직업상담사 배치이력 필요

대상	만 15세 이상 실업자 및 재직자
홍보방법	- 기관 내부·외부 게시판 포스터 부착 - 유관기관 포스터 부착 - 기관 외부 현수막 설치 - 기관 홈페이지 및 SNS 게재 - 기관 홍보 메일 발송 - 전단지 배포
시간	평일오전반 09:30~15:00
프로그램 과정명	직업상담사 2급 필기(1차)반
강사	오※근, 배※영, 김※희
운영상의 문 제점	- 직업상담사 자격취득 관련 교육기관이 많아져 학습자 모집에 어려움이 따름 - 홈페이지 및 모바일 영상교육이 없어 방문 수강 이외에 수강 방법이 없음
보완점	- 기관의 특화된 프로그램의 다양화 필요 - 동영상 강의 제작
프로그램의 효과	- 기관차원에서는 양질의 강의를 통한 전문적인 직업상담사 배출 - 학습자 차원에서는 본 기관 수강이후 단기적인 직업상담사 자격증 취득 가능
교육비	내일배움카드(국비100%, 국비80%, 자부담20%)

▶ 필수 3-③ 모의 프로그램 기획 / 모의 평생교육 프로그램 개발 (초안)

구분		내용		
프로그램명		예비·신혼부부를 위한 결혼생활 교육		
사전조사	개발필요성	개인이었던 남·여가 부부가 됨으로써 겪게 되는 갈등을 최소화하여 가족문제를 예방하기 위함		
	학습자 요구 분석	― 의사소통 단절로 서로의 마음을 이해하지 못함 ― 서로 다른 가정환경 또는 가족관 차이에서 오는 이해 필요 ― 서로의 차이를 이해하지 못해서 발생하는 갈등의 해결방법 필요		
목표설정	학습목표	― 가족문제의 방지와 개선을 위한 교육적 차원의 개입을 실시함으로써 예비·신혼부부의 결혼생활 능력을 강화 ― 예비·신혼부부의 결혼생활에서 발생할 수 있는 문제를 대처하거나 해결할 수 있는 능력을 함양		
	학습대상자	결혼 전 또는 결혼 후 커플 4쌍(총 8명)		
소요예산		강사비	300,000	주강사	200,000
				보조강사	100,000
		교재비	100,000	교재비	80,000
				재료비	20,000
		홍보비	200,000	현수막	100,000
				배너	50,000
				전단지	50,000
		운영비	550,000	시설이용비용	200,000
				간식비	50,000
				프로그램운영자 (평생교육사)	300,000
		합계		1,150,000	
세부계획	홍보 및 마케팅 계획	― 기관 홈페이지 프로그램 게시 ― 웨딩업체 전단지 배포 ― 유동인구 밀집 지역 전단지 배포 및 현수막 게재 ― 사업체 및 지역 아파트 게시판 활용		
	강의계획	― 직장에 다니는 개인을 고려하여 주말진행 ― 1일 2시간 / 총4주		
		― 1주차 오리엔테이션 / 결혼과 가족이란? ― 2주차 남성과 여성의 심리 / 성역할 ― 3주차 소통하는 부부 I / 소통하는 부부 II ― 4주차 아름다운 사랑 / 수료식		
평가계획		강의 마지막 시간을 활용하여 만족도 조사 및 설문지 작성		

▶ 필수 3-③ 모의 프로그램 기획 / 개발 (세부계획)

▶ 프로그램 주제 : 예비·신혼부부를 위한 결혼생활 교육

1. 프로그램의 필요성

오늘날 한국사회의 부부의 모습은 수직적인 상·하 관계 형태에서 점차 평등한 관계로 변화하고 있다. 전통적인 가족관계를 지배하여 온 가족관, 윤리관, 도덕관, 가치관 등은 민주적 사고방식, 평등의식, 개인주의적 사고, 독립의식 등에 대한 사회교육으로 혼돈을 일으키고 있으며, 이러한 갈등은 가족문제와 더불어 사회문제로까지 확산된다.

결혼준비 교육은 가족문제를 예방하기 위한 매우 유효한 사회적 개입이다. 부부관계는 가족생활의 질을 좌우할 만큼 매우 중요한 관계이며, 부부의 기능이 잘 수행되지 못할 때 가족생활 또한 원만 할 수 없다. 따라서 부부문제의 예방과 올바른 부부문제의 해결을 위해서 예비부부들에게 충분한 정보와 지식을 제공할 필요가 있다.

2. 프로그램 운영 추진 세부 계획

① 교육과정 및 시간표

차시	날짜(요일)	시간	강의	담당강사
1주차	2018년10월06일(토)	14:00~16:00	- 오리엔테이션 - 결혼과 가족이란?	홍길동
2주차	2018년10월13일(토)	14:00~16:00	- 남성과 여성의 심리 - 합리적인 성역할	홍길동
3주차	2018년10월20일(토)	14:00~16:00	- 소통하는 부부 Ⅰ - 소통하는 부부 Ⅱ	홍길동
4주차	2018년10월27일(토)	14:00~16:00	- 아름다운 사랑 - 수료식	홍길동

② 차시별 세부계획

차시	강의주제	세부내용	교수방법	준비물
1주차	오리엔테이션	- 진행자 소개 및 일정안내 - 학습자의 본인소개 및 결혼관 소개	강의 활동	PPT 이름표
	결혼과 가족이란?	- 사회적체계로서의 가족의 특징이해 - 기능적 가족에 대한 관점 갖기	강의	PPT/ 교재
2주차	남성과 여성의 심리	- 남성과 여성의 특징이해 - 서로의 성격 이해하기	강의 활동	PPT/교재 성격검사
	합리적인 성 역할	- 성 역할이 부부관계 및 결혼 미치는 영향을 이해 - 가족 내 역할 조율 방법	강의 활동	PPT/교재 성역할검사 가사분담검 사지

차시	강의주제	세부내용	교수방법	준비물
3주차	소통하는 부부 Ⅰ	- 대화의 원리 이해 - 자신과 상대방의 대화 성향 이해 - 왜곡된 메시지 이해	강의 활동	PPT/교재 습관적 대 화해보기
	소통하는 부부 Ⅱ	- 대화의 기술적용 - 관계 지향적 대화, 나 전달법	강의	PPT 갈등해결 대화연습
4주차	아름다운 사랑	- 내가 사랑하는 사람과 나 알기 - 다툼이유 해결 달력 만들기	강의 활동	PPT 5월 달력
	합리적인 성 역할	- 성 역할이 부부관계 및 결혼 미치는 영향을 이해 - 가족 내 역할 조율 방법	강의 활동	수료증 만족도 조사

③ 강사

-	교육과정	성명	최종학력	경력 및 자격증
강사	평생교육 감정코칭	홍길동	4년대 졸업	평생교육사2급
보조강사	감정코칭	박ㅇㅇ	고등학교 졸업	제한없음

④ 교재

교재종별	저자명	교재명	출판사	출판년도
주교재	김ㅇㅇ	결혼과 가족	ㅇㅇㅇ	ㅇㅇㅇㅇ

⑤ 시설설비현황

보유기자재	개수	비고
책상 및 의자	각 50개 / 90개	
컴퓨터	5개	
빔프로젝트	1개	
칠판	3개	
강의실	3개	

3. 홍보 활동방안

기관 홈페이지 및 블로그, SNS에 프로그램 게시

유관기관, 웨딩업체 및 사업체, 지역아파트의 게시판에 전단지 부착 및 배부

유동인구 밀집지역 현수막 설치

4. 사업비 집행계획

지출항목		총 사업비 (원)			산출내역	비고
		계	보조금	자부담 (대응투자)		
총계		890,000	890,000	0		
강사비	소계	300,000	300,000	0		
	보조강사	100,000	100,000	0	25,000(1일) * 4회	
	강사	200,000	200,000	0	50,000(1일) * 4회	
교재비	소계	100,000	100,000	0		
	교재비	80,000	80,000	0		
	재료비	20,000	20,000	0	필기구(펜,노트) 1,000 * 8개 검사용지 500 * 8개 달력 1,000 * 4개	
운영비	소계	250,000	250,000	0		
	시설이용비용	200,000	200,000	0	50,000(1일) * 4회	
	프로그램운영자 (평생교육사)	40,000	40,000	0	10,000(1일) * 4회	
	간식비	50,000	50,000	0	음료 2,500 * 4회 다과 10,000 * 4회	
홍보비	소계	200,000	200,000	0		
	현수막	100,000	100,000	0	100,000 * 1개	
	배너	50,000	50,000	0	50,000 * 1개	
	전단지	50,000	50,000	0	100원 * 500장	

5. 추진일정

일시	내용	세부일정	방법
09월15일~09월31일	홍보 및 대상자 모집	09월15일~09월31일	전단지 배부
		09월15일~10월31일	현수막 설치기간
10월01일~10월31일	프로그램 진행	-	총4주 1일 2시간 매주 토요일 (14시~16시)
11월01일~11월15일	평가 및 보고서 작성	-	평가 및 보고서 작성·제출

6. 자체평가 계획

① 강의평가 계획(학습자가 교·강사의 수업을 평가하는 것)

 강의준비도, 강의내용, 강사전문성 등 만족도 조사를 통해 평가하고, 평가보고서 작성

 4주차 마지막 수업 시 학습자 만족도 평가 실시

 차후 평가 결과를 수업에 반영

② 강의평가 활용방안

 평가결과에 따라 차후 프로그램 실시여부를 결정

 기자재 및 강의실에 있어 평가결과를 충분히 반영

③ 기타 평가계획

 기관평가를 통해 프로그램 실시사항 평가 후 기관 프로그램으로 선정 고려

7. 기대효과

 대화의 원리를 이해하고 효율적인 대화기술을 습득하여 부부간의 관계 향상을 증진시킨다.

 성 역할 및 가정 내 역할분담의 이해가 가정생활을 하는데 있어서 부부가 서로 공통된 협력자와 조력자로서의 역할을 성실히 이행할 수 있도록 한다.

 결혼생활 교육을 통해 부부의 문제를 최대한으로 예방하여 부부싸움 및 이혼을 막을 수 있다.

▶ 필수 3-④ 모의 프로그램 기획 / 모의 평생교육 프로그램 홍보 및 마케팅 계획

구분	내용	
프로그램명	예비·신혼부부를 위한 결혼생활 교육	
교육목표	- 가족문제의 방지와 개선을 위한 교육적 차원의 개입을 실시함으로써 예비·신혼부부의 결혼생활 능력을 강화 - 결혼과 가족생활에 관한 전반적인 이해를 돕고 예비·신혼부부가 가진 잠재력을 개발하여 건강한 자아와 행복한 부부로 성장할 수 있도록 도움 - 차후 발생할 수 있는 가족문제를 사전에 예방하여 사회 문제 감소로 통합	
학습자대상	결혼 전 또는 결혼 후 커플 4쌍(총8명)	
홍보카피	예비·신혼부부를 위한 결혼생활 교육	
홍보방법	- 기관 홈페이지 및 블로그, SNS에 프로그램 게시 - 웨딩업체 및 사업체, 아파트 게시판 전단지 배포 및 부착 - 유동인구 밀집 지역 현수막 게시 - 지역신문 광고	
예산	200,000원	
홍보스케줄	1주	전단지 및 홈페이지 게시 내용 제작 현수막 제작 업체 조사 및 계약 게시판 활용 가능 아파트 및 업체 파악
	2주~3주	웨딩업체 및 사업체, 아파트 게시판 전단지 배포 및 부착 기관 홈페이지 업데이트 및 블로그, SNS에 프로그램 게시 유동인구 밀집지역 현수막 게시 지역신문 광고
	4주~6주	웨딩업체 및 사업체, 아파트 게시판 전단지 배포 및 부착 지역신문 광고
	7주	최종 대상자 확인 및 오리엔테이션 준비

부부가 되기 전 또는 부부가 된 커플의
행복한 결혼생활을 위한 준비교육을 시작합니다.
– 서로의 차이점을 이해하고 대화를 통해 아름답게 해결하는 방법 –

대상 : 결혼 전 또는 결혼 후 커플 4쌍 (총8명)
일시 : 2018년 10월 01일~2018년 10월 31일 (매주 토요일)
시간 : 14:00~16:00 (2시간)
장소 : 광주 광역시 0구 00로 00길 (버스정류장 : 00 / 지하철 노선 : 00)
수강료 : 000 원 / 입금계좌 : 00은행 00-000-0000

– 시간표 –

차시	날짜(요일)	시간	강의
1주차	2018년 10월 06일 (토)	14:00~16:00	– 오리엔테이션 – 결혼과 가족이란?
2주차	2018년 10월 13일 (토)	14:00~16:00	– 남성과 여성의 심리 – 합리적인 성역할
3주차	2018년 10월 20일 (토)	14:00~16:00	– 소통하는 부부 Ⅰ – 소통하는 부부 Ⅱ
4주차	2018년 10월 27일 (토)	14:00~16:00	– 아름다운 사람 – 수료식

▶ 선택 1-① 실습기관 관련법 및 정책이해와 기관분석

평생교육법 (출처 : 법제처)
[시행 2017.5.30.] [법률 제14160호, 2016.5.29., 일부개정]

교육부(평생학습정책과) 044-203-6381

▶ 제1장 총칙

제1조(목적)

이 법은 「헌법」과 「교육기본법」에 규정된 평생교육의 진흥에 대한 국가 및 지방자치단체의 책임과 평생교육제도와 그 운영에 관한 기본적인 사항을 정함을 목적으로 한다.

제2조(정의)

이 법에서 사용하는 용어의 정의는 다음과 같다. 〈개정 2014.1.28.〉

1. "평생교육"이란 학교의 정규교육과정을 제외한 학력보완교육, 성인 문자해득교육, 직업능력향상교육, 인문교양교육, 문화예술교육, 시민참여교육 등을 포함하는 모든 형태의 조직적인 교육활동을 말한다.

2. "평생교육기관"이란 다음 각 항목의 어느 하나에 해당하는 시설·법인 또는 단체를 말한다.

가. 이 법에 따라 인가·등록·신고된 시설·법인 또는 단체

나. 「학원의 설립·운영 및 과외교습에 관한 법률」에 따른 학원 중 학교교과교습학원을 제외한 평생직업교육을 실시하는 학원

디. 그 밖에 다른 법령에 따라 평생교육을 주된 목적으로 하는 시설 ·법인 또는 단체

3. "문자해득교육"(이하 "문해교육"이라 한다)이란 일상생활을 영위하는데 필요한 문자해득(文字解得)능력을 포함한 사회적·문화적으로 요청되는 기초생활능력 등을 갖출 수 있도록 하는 조직화된 교육프로그램을 말한다.

제3조(다른 법률과의 관계)

평생교육에 관하여 다른 법률에 특별한 규정이 있는 경우를 제외하고는 이 법을 적용한다.

제4조(평생교육의 이념)

① 모든 국민은 평생교육의 기회를 균등하게 보장받는다.

② 평생교육은 학습자의 자유로운 참여와 자발적인 학습을 기초로 이루어져야 한다.

③ 평생교육은 정치적·개인적 편견의 선전을 위한 방편으로 이용되어서는 아니 된다.

④ 일정한 평생교육과정을 이수한 자에게는 그에 상응하는 자격 및 학력인정 등 사회적 대우를 부여하여야 한다.

제5조(국가 및 지방자치단체의 임무)

① 국가 및 지방자치단체는 모든 국민에게 평생교육 기회가 부여될 수 있도록 평생교육진흥정책을 수립·추진하여야 한다.

② 국가와 지방자치단체는 장애인이 평생교육의 기회를 부여받을 수 있도록 장애인 평생교육에 대한 정책을 수립·시행하여야 한다. 〈신설 2016.5.29.〉

③ 국가 및 지방자치단체는 그 소관에 속하는 단체·시설·사업장 등의 설치자에 대하여 평생교육의 실시를 적극 권장하여야 한다. 〈개정 2016.5.29.〉

제6조(교육과정 등)

평생교육의 교육과정·방법·시간 등에 관하여 이 법과 다른 법령에 특별한 규정이 있는 경우를 제외하고는 평생교육을 실시하는 자가 정하되, 학습자의 필요와 실용성을 존중하여야 한다.

제7조(공공시설의 이용)

① 평생교육을 실시하는 자는 평생교육을 위하여 공공시설을 그 본래의 용도에 지장이 없는 범위 안에서 관련 법령으로 정하는 바에 따라 이용할 수 있다.

② 제1항의 경우 공공시설의 관리자는 특별한 사유가 없는 한 그 이용을 허용하여야 한다.

제8조(학습휴가 및 학습비 지원)

국가·지방자치단체와 공공기관의 장 또는 각종 사업의 경영자는 소속 직원의 평생학습기회를 확대하기 위하여 유급 또는 무급의 학습휴가를 실시하거나 도서비·교육비·연구비 등 학습비를 지원할 수 있다.

▶ 제2장 평생교육진흥기본계획 등

제9조(평생교육진흥기본계획의 수립)

① 교육부장관은 5년마다 평생교육진흥기본계획(이하 "기본계획"이라 한다)을 수립하여야 한다. 〈개정 2008.2.29., 2013.3.23.〉

② 기본계획에는 다음 각 호의 사항이 포함되어야 한다. 〈개정 2016.5.29.〉

 1. 평생교육진흥의 중·장기 정책목표 및 기본방향에 관한 사항
 2. 평생교육의 기반구축 및 활성화에 관한 사항
 3. 평생교육진흥을 위한 투자확대 및 소요재원에 관한 사항
 4. 평생교육진흥정책에 대한 분석 및 평가에 관한 사항
 5. 장애인의 평생교육진흥에 관한 사항
 6. 장애인평생교육진흥정책의 평가 및 제도개선에 관한 사항
 7. 그 밖에 평생교육진흥을 위하여 필요한 사항

③ 교육부장관은 기본계획을 관계 중앙행정기관의 장, 특별시장·광역시장·도지사·특별자치도지사(이하 "시·도지사"라 한다), 시·도교육감 및 시장·군수·자치구의 구청장에게 통보하여야 한다. 〈개정 2008.2.29., 2013.3.23.〉

제10조(평생교육진흥위원회의 설치)

① 평생교육진흥정책에 관한 주요사항을 심의하기 위하여 교육부장관 소속으로 평생교육진흥위원회(이하 "진흥위원회"라 한다)를 둔다. 〈개정 2008.2.29., 2013.3.23.〉

② 진흥위원회는 다음 각 호의 사항을 심의한다.

1. 기본계획에 관한 사항

2. 평생교육진흥정책의 평가 및 제도개선에 관한 사항

3. 평생교육지원 업무의 협력과 조정에 관한 사항

4. 그 밖에 평생교육진흥정책을 위하여 대통령령으로 정하는 사항

③ 진흥위원회는 위원장을 포함하여 20인 이내의 위원으로 구성한다.

④ 진흥위원회의 위원장은 교육부장관으로 하고, 위원은 평생교육과 관련된 관계 부처 차관, 평생교육·장애인교육과 관련된 전문가 등 평생교육에 관한 전문지식 및 경험이 풍부한 자 중에서 위원장이 위촉한다. 〈개정 2013.3.23., 2016.5.29.〉

⑤ 진흥위원회의 구성·운영에 필요한 사항은 대통령령으로 정한다.

제11조(연도별 평생교육진흥시행계획의 수립·시행)

시·도지사는 기본계획에 따라 연도별 평생교육진흥시행계획(이하 "시행계획"이라 한다)을 수립·시행하여야 한다. 이 경우 시·도교육감과 협의하여야 한다.

제12조(시·도평생교육협의회)

① 시행계획의 수립·시행에 필요한 사항을 심의하기 위하여 시·도지사 소속으로 시·도평생교육협의회(이하 "시·도협의회"라 한다)를 둔다.

② 시·도협의회는 의장·부의장을 포함하여 20인 이내의 위원으로 구성한다.

③ 시·도협의회의 의장은 시·도지사로 하고, 부의장은 시·도의 부교육감으로 한다.

④ 시·도협의회 위원은 관계 공무원, 평생교육과 관련된 전문가, 장애인 평생교육 전문가, 평생교육 관계 기관의 운영자 등 평생교육에 관한 전문지식 및 경험이 풍부한 자 중에서 해당 시·도의 교육감과 협의하여 의장이 위촉한다. 〈개정 2016.5.29.〉

⑤ 시·도협의회의 구성·운영에 필요한 사항은 해당 지방자치단체의 조례로 정한다.

제13조(관계 행정기관의 장 등의 협조)

① 교육부장관은 기본계획을 수립하기 위하여 필요하다고 인정하는 때에는 관계 행정기관이나 그 밖의 기관 또는 단체의 장에게 관련 자료를 요청할 수 있다. 〈개정 2008.2.29., 2013.3.23.〉

② 시·도지사는 시행계획을 수립하기 위하여 필요하다고 인정하는 때에는 관계 행정기관이나 그 밖의 기관 또는 단체의 장에게 관련 자료를 요청할 수 있다.

③ 제1항 및 제2항에 따라 자료를 요청 받은 기관 또는 단체의 장은 특별한 사정이 없는 한 협조하여야 한다.

제14조(시·군·자치구평생교육협의회)

① 시·군 및 자치구에는 지역주민을 위한 평생교육의 실시와 관련되는 사업간 조정 및 유관기관 간의 협력 증진을 위하여 시·군·자치구평생교육협의회(이하 "시·군·구협의회"라 한다)를 둔다.

② 시·군·구협의회는 의장 1인과 부의장 1인을 포함하여 12인 이내의 위원으로 구성한다.

③ 시·군·구협의회의 의장은 시장·군수 또는 자치구의 구청장으로 하고, 위원은 시·군·자치구 및 지역교육청의 관계 공무원, 평생교육 전문가, 장애인 평생교육 관계자, 관할 지역 내 평생교육 관계 기관의 운영자 중에서 의장이 위촉한다. 〈개정 2016.5.29.〉

④ 시·군·구협의회의 구성·운영 등에 필요한 사항은 지방자치단체의 조례로 정한다.

제15조(평생학습도시)

① 국가는 지역사회의 평생교육 활성화를 위하여 시·군 및 자치구를 대상으로 평생학습도시를 지정 및 지원할 수 있다.

② 제1항에 따른 평생학습도시 간의 연계·협력 및 정보교류의 증진을 위하여 전국평생학습도시협의회를 둘 수 있다.

③ 제2항에 따른 전국평생학습도시협의회의 구성·운영에 필요한 사항은 대통령령으로 정한다.

④ 제1항에 따른 평생학습도시의 지정 및 지원에 필요한 사항은 교육부장관이 정한다.
〈개정 2008.2.29., 2013.3.23.〉

제16조(경비보조 및 지원)

① 국가 및 지방자치단체는 이 법과 다른 법령으로 정하는 바에 따라 다음 각 호의 어느 하나에 해당하는 평생교육진흥사업을 실시 또는 지원할 수 있다.

 1. 평생교육기관의 설치·운영

 2. 제24조에 따른 평생교육사의 양성 및 배치

 3. 평생교육프로그램의 개발

 4. 그 밖에 국민의 평생교육 참여를 촉진하기 위하여 수행하는 사업 등

② 지방자치단체의 장은 해당 지방자치단체의 조례로 정하는 바에 따라 주민을 위한 평생교육진흥사업을 실시하거나 지원할 수 있다. 이 경우 교육감 또는 지역교육장과 협의하여야 한다.

제17조(지도 및 지원)

① 국가 및 지방자치단체는 평생교육기관의 요청이 있을 때에는 그 기관의 평생교육활동을 지도 또는 지원할 수 있다.

② 국가 및 지방자치단체는 평생교육기관의 요청이 있을 때에는 그 기관에서 평생교육활동에 종사하는 자의 능력향상에 필요한 연수를 실시할 수 있다.

제18조(평생교육 통계조사 등)

① 교육부장관 및 시·도지사는 평생교육의 실시 및 지원에 관한 현황 등 기초자료를 조사하고 이와 관련된 통계를 공개하여야 한다. 〈개정 2008.2.29., 2013.3.23.〉

② 평생교육과 관련된 업무 담당자 및 평생교육기관 운영자 등은 제1항의 조사에 협조하여야 한다.

▶ 제3장 국가평생교육진흥원 등 〈개정 2013.12.30.〉

제19조(국가평생교육진흥원)

① 국가는 평생교육진흥과 관련된 업무를 지원하기 위하여 국가평생교육진흥원(이하 "진흥원"이라 한다)을 설립한다. 〈개정 2013.12.30.〉

② 진흥원은 법인으로 한다.

③ 진흥원은 주된 사무소의 소재지에서 설립등기를 함으로써 성립한다.

④ 진흥원은 다음 각 호의 업무를 수행한다. 〈개정 2013.5.22., 2016.2.3.〉

  1. 평생교육진흥을 위한 지원 및 조사 업무

  2. 진흥위원회가 심의하는 기본계획 수립의 지원

  3. 평생교육프로그램 개발의 지원

  4. 제24조에 따른 평생교육사를 포함한 평생교육 종사자의 양성·연수

  5. 평생교육기관간 연계체제의 구축

  6. 제20조에 따른 시·도평생교육진흥원에 대한 지원

  7. 평생교육 종합정보시스템 구축·운영

  8.「학점인정 등에 관한 법률」및「독학에 의한 학위취득에 관한 법률」에 따른 학점 또는 학력인정에 관한 사항

  9. 제23조에 따른 학습계좌의 통합 관리·운영

  9의 2. 문해교육의 관리·운영에 관한 사항

  9의 3. 이 법 또는 다른 법령에 따라 위탁받은 업무

  10. 그 밖에 진흥원의 목적수행을 위하여 필요한 사업

⑤ 진흥원의 정관에는 다음 각 호의 사항을 기재하여야 한다.

  1. 목적

  2. 명칭

  3. 주된 사무소의 소재지

  4. 사업에 관한 사항

  5. 임원 및 직원에 관한 주요 사항

  6. 이사회에 관한 사항

  7. 재산 및 회계에 관한 사항

  8. 정관의 변경에 관한 사항

⑥ 제5항에 따른 정관의 내용을 변경하고자 하는 때에는 교육부장관의 인가를 받아야 한다. 〈개정 2008.2.29., 2013.3.23.〉

⑦ 국가는 예산의 범위 내에서 진흥원의 설립 · 운영에 필요한 경비를 출연할 수 있다.

⑧ 진흥원에 관하여 이 법에서 정하는 것을 제외하고는 「민법」중 재단법인에 관한 규정을 준용한다. [제목개정 2013.12.30.]

제19조의 2(국가 장애인평생교육 진흥센터)

① 국가는 장애인의 평생교육진흥과 관련된 업무를 지원하기 위하여 국가장애인평생교육진흥센터(이하 "장애인평생교육진흥센터"라 한다)를 둔다.

② 장애인평생교육진흥센터는 다음 각 호의 업무를 수행한다.

 1. 장애인 평생교육진흥을 위한 지원 및 조사 업무

 2. 진흥위원회가 심의하는 기본계획에 관한 사항 중 장애인 평생교육진흥에 관한 사항

 3. 장애 유형별 평생교육프로그램 개발의 지원

 4. 장애인 평생교육 종사자의 양성 · 연수와 공무원의 장애인 의사소통 교육

 5. 장애인 평생교육기관 간의 연계체제 구축

 6. 발달장애인의 평생교육과정의 개발

 7. 발달장애인의 의사소통 도구의 개발과 보급

 8. 장애인 평생교육프로그램을 운영하는 각급학교와 평생교육기관 양성을 위한 지원

 9. 장애 유형별 평생교육 교재 · 교구의 개발과 보급

 10. 그 밖에 장애인평생교육진흥센터의 목적수행을 위하여 필요한 사업

③ 장애인평생교육진흥센터의 설립 · 운영에 필요한 사항은 대통령령으로 정한다.

[본조신설 2016.5.29.]

제20조(시 · 도평생교육진흥원의 운영)

① 시 · 도지사는 대통령령으로 정하는 바에 따라 시 · 도평생교육진흥원을 설치 또는 지정 · 운영할 수 있다.

②시 · 도평생교육진흥원은 다음 각 호의 업무를 수행한다.

 1. 해당 지역의 평생교육기회 및 정보의 제공

 2. 평생교육 상담

 3. 평생교육프로그램 운영

 4. 해당 지역의 평생교육기관간 연계체제 구축

 5. 그 밖에 평생교육진흥을 위하여 시 · 도지사가 필요하다고 인정하는 사항

제20조의 2(장애인평생교육시설 등의 설치)

① 국가 · 지방자치단체 및 시 · 도교육감은 관할 구역 안의 장애인을 대상으로 평생교육프로그램 운영과 평생교육 기회를 제공하기 위하여 장애인평생교육시설을 설치 또는 지정 · 운영할 수 있다.

② 국가 · 지방자치단체 및 시 · 도교육감 외의 자가 제1항에 따른 장애인평생교육시설을 설치하고자 하는 때에는 대통령령으로 정하는 시설과 설비를 갖추어 교육 감에게 등록하여야 한다.

③ 국가 및 지방자치단체는 장애인평생교육시설의 운영에 필요한 경비를 예산의 범위에서 지원할 수 있다. [본조신설 2016.5.29.]

제21조(시 · 군 · 구평생학습관 등의 설치 · 운영 등)

① 시 · 도교육감은 관할 구역 안의 주민을 대상으로 평생교육프로그램 운영과 평생교육 기회를 제공하기 위하여 평생학습관을 설치 또는 지정 · 운영하여야 한다.

② 시장 · 군수 · 자치구의 구청장은 평생학습관의 설치 또는 재정적 지원 등 해당 지방자치단체의 평생교육을 진흥하기 위하여 필요한 사업을 실시할 수 있다.

③ 평생학습관은 다음 각 호의 사업을 수행한다. 〈신설 2014.1.28., 2016.5.29.〉

  1. 평생교육프로그램의 개발 · 운영

  1의2. 장애인 대상 평생교육프로그램의 개발 · 운영

  2. 평생교육 상담

  3. 평생교육 종사자에 대한 교육 · 훈련

  4. 평생교육 관련 정보의 수집 · 제공

  5. 제21조의3에 따른 읍 · 면 · 동 평생학습센터에 대한 운영 지원 및 관리

  6. 그 밖에 평생교육 진흥을 위하여 필요하다고 인정되는 사업

④ 제1항 및 제2항에 따른 평생학습관의 설치 · 운영 등에 필요한 사항은 해당 지방자치단체의 조례로 정한다. 〈개정 2014.1.28.〉

제21조의 2(장애인 평생교육과정)

① 「유아교육법」제2조제2호에 따른 유치원 및 「초 · 중등교육법」제2조에 따른 학교의 장은 해당 학교의 교육환경을 고려하여 「장애인복지법」제2조에 따른 장애인의 계속교육을 위한 장애인 평생교육과정을 설치 · 운영할 수 있다.

② 평생교육기관은 장애인의 평생교육 기회의 확대를 위하여 별노의 상애인 평생교육과성을 설치 · 운영할 수 있다.

③ 진흥원은 장애인의 평생교육기회 확대 방안 및 장애인 평생교육프로그램을 개발하여야 한다.

④ 제20조에 따른 시 · 도평생교육진흥원은 평생교육기관이 장애인 평생교육과정을 설치 · 운영할 수 있도록 지원하여야 한다.

[본조신설 2016.5.29.] [종전 제21조의2는 제21조의3으로 이동 〈2016.5.29.〉]

제21조의 3(읍 · 면 · 동 평생학습센터의 운영)

① 시장 · 군수 · 자치구의 구청장은 읍 · 면 · 동별로 주민을 대상으로 하여 평생교육프로그램을 운영하고 상담을 제공하는 평생학습센터를 설치하거나 지정하여 운영할 수 있다.

② 제1항에 따른 읍 · 면 · 동 평생학습센터의 설치 또는 지정 및 운영에 관한 사항은 해당 지방자치단체의 조례로 정한다.

[본조신설 2014.1.28.]

[제21조의2에서 이동 〈2016.5.29.〉]

제22조(정보화 관련 평생교육의 진흥)

① 국가 및 지방자치단체는 각급학교·민간단체·기업 등과 연계하여 교육의 정보화와 이와 관련된 평생교육과정의 개발을 위하여 노력하여야 한다.

② 국가 및 지방자치단체는 각급학교·평생교육기관 등이 필요한 인적자원을 활용할 수 있도록 하기 위하여 대통령령으로 정하는 바에 따라 강사에 관한 정보를 수집·제공하는 제도를 운영할 수 있다.

제23조(학습계좌)

① 교육부장관은 국민의 평생교육을 촉진하고 인적자원의 개발·관리를 위하여 학습계좌(국민의 개인적 학습경험을 종합적으로 집중 관리하는 제도를 말한다)를 도입·운영할 수 있도록 노력하여야 한다. 〈개정 2009.5.8., 2013.3.23.〉

② 교육부장관은 제1항의 학습계좌에서 관리할 학습과정을 대통령령으로 정하는 바에 따라 평가인정할 수 있다. 〈신설 2009.5.8., 2013.3.23.〉

③ 교육부장관은 제2항에 따라 평가인정을 받은 학습과정을 설치·운영하는 평생교육기관이 다음 각 호의 어느 하나에 해당하면 그 평가인정을 취소할 수 있다. 다만, 제1호에 해당하는 경우에는 평가인정을 취소하여야 한다. 〈신설 2009.5.8., 2013.3.23.〉

1. 거짓이나 그 밖의 부정한 방법으로 평가인정을 받은 경우

2. 제2항에 따라 평가인정 받은 내용을 위반하여 학습과정을 운영한 경우

3. 제2항에 따른 평가인정의 기준에 이르지 못하게 된 경우

④ 교육부장관은 제3항제2호 및 제3호에 따라 평가인정을 취소하고자 할 경우에는 대통령령으로 정하는 기간과 절차에 따라 평생교육기관의 장에게 시정을 명하여야 한다. 〈신설 2009.5.8., 2013.3.23.〉

⑤ 교육부장관은 제4항에 따라 시정명령을 하는 경우에는 평생교육기관의 장에게 시정명령을 받은 사실을 공표할 것을 명할 수 있다. 〈신설 2013.12.30.〉

▶ 제4장 평생교육사

제24조(평생교육사)

① 교육부장관은 평생교육 전문인력을 양성하기 위하여 다음 각 호의 어느 하나에 해당하는 자에게 평생교육사의 자격을 부여한다. 〈개정 2008.2.29., 2009.5.8., 2013.3.23.〉

1. 「고등교육법」 제2조에 따른 학교(이하 "대학"이라 한다) 또는 이와 동등 이상의 학력이 있다고 인정되는 기관에서 교육부령으로 정하는 평생교육 관련 교과목을 일정 학점 이상 이수하고 학위를 취득한 자

2. 「학점인정 등에 관한 법률」 제3조제1항에 따라 평가인정을 받은 학습과정을 운영하는 교육훈련기관(이하 "학점은행기관"이라 한다)에서 교육부령으로 정하는 평생교육 관련 교과목을 일정 학점 이상 이수하고 학위를 취득한 자

3. 대학을 졸업한 자 또는 이와 동등 이상의 학력이 있다고 인정되는 자로서 대학 또는 이와 동등 이상의 학력이 있다고 인정되는 기관, 제25조에 따른 평생교육사 양성기관, 학점은행기관에서 교육부령으로 정하는 평생교육 관련 교과목을 일정 학점 이상 이수한 자

4. 그 밖에 대통령령으로 정하는 자격요건을 갖춘 자

② 평생교육사는 평생교육의 기획·진행·분석·평가 및 교수업무를 수행한다.

③ 다음 각 호의 어느 하나에 해당하는 자는 평생교육사가 될 수 없다. 〈개정 2016.5.29.〉

1. 제24조의2에 따라 자격이 취소된 후 그 자격이 취소된 날부터 3년이 지나지 아니한 사람(제28조제2항제1호에 해당하여 자격이 취소된 경우는 제외한다)

2. 제28조제2항제1호부터 제5호까지의 어느 하나에 해당하는 사람

④ 평생교육사의 등급, 직무범위, 이수과정, 연수 및 자격증의 교부절차 등에 필요한 사항은 대통령령으로 정한다.

⑤ 교육부장관은 제1항에 따른 평생교육사의 자격증을 교부 또는 재교부 받으려는 자에게 교육부령으로 정하는 바에 따라 수수료를 받을 수 있다. 〈신설 2009.5.8., 2013.3.23.〉

제24조의2(평생교육사의 자격취소) 교육부장관은 평생교육사가 다음 각 호의 어느 하나에 해당하는 경우에는 그 자격을 취소하여야 한다.

1. 거짓이나 그 밖의 부정한 방법으로 평생교육사의 자격을 취득한 경우

2. 다른 사람에게 평생교육사의 명의를 사용하게 하거나 자격증을 빌려준 경우

3. 제24조제3항제2호의 결격사유에 해당하게 된 경우

[본조신설 2016.5.29.]

제25조(평생교육사 양성기관)

① 교육부장관은 평생교육사의 양성과 연수에 필요한 시설·교육과정·교원 등을 고려하여 대통령령으로 정하는 바에 따라 평생교육기관을 평생교육사 양성기관으로 지정할 수 있다.
〈개정 2008.2.29., 2013.3.23.〉

제26조(평생교육사의 배치 및 채용)

① 평생교육기관에는 제24조제1항에 따른 평생교육사를 배치하여야 한다.

②「유아교육법」,「초·중등교육법」및「고등교육법」에 따른 유치원 및 학교의 장은 평생교육프로그램을 운영함에 있어서 필요한 경우에 평생교육사를 채용할 수 있다.

③ 제20조에 따른 시·도평생교육진흥원, 제20조의2에 따른 장애인평생교육시설 및 제21조에 따른 시·군·구평생학습관에 평생교육사를 배치하여야 한다. 〈개정 2016.5.29.〉

④ 제1항부터 제3항까지의 규정에 따른 평생교육사의 배치대상기관 및 배치기준은 대통령령으로 정한다.

제27조(평생교육사 채용에 대한 경비보조)

국가 및 지방자치단체는 제26조제2항에 따른 평생교육 프로그램 운영 및 평생교육사 채용에 사용되는 경비 등을 보조할 수 있다.

▶ **제5장 평생교육기관**

제28조(평생교육기관의 설치자)

① 평생교육기관의 설치자는 다양한 평생교육프로그램을 실시하여 지역사회 주민을 위한 평생교육에 기여하여야 한다.

② 다음 각 호의 어느 하나에 해당하는 자는 평생교육기관의 설치자가 될 수 없다.
〈개정 2016.5.29.〉

1. 피성년후견인 또는 피한정후견인

2. 금고 이상의 실형을 선고받고 그 집행이 종료(집행이 종료된 것으로 보는 경우를 포함한다)되거나 집행이 면제된 날부터 3년이 경과되지 아니한 자

3. 금고 이상의 형의 집행유예를 선고받고 그 유예기간 중에 있는 자

4. 법원의 판결 또는 다른 법률에 따라 자격이 정지 또는 상실된 자

5. 제42조에 따라 인가 또는 등록이 취소되거나 평생교육과정이 폐쇄된 후 3년이 경과되지 아니한 자

6. 임원 중 제1호부터 제5호까지의 어느 하나에 해당하는 자가 있는 법인

③ 제2조제2호가목에 따른 평생교육기관의 설치자는 특별시·광역시·도·특별자치도(이하 "시·도"라 한다)의 조례로 정하는 바에 따라 평생교육시설의 운영과 관련하여 그 시설의 이용자에게 발생한 생명·신체상의 손해를 배상할 것을 내용으로 하는 보험가입 또는 공제사업에의 가입 등 필요한 안전조치를 하여야 한다.

④ 평생교육기관의 설치·운영자는 학습자의 보호를 위하여 다음 각 호의 어느 하나에 해당하는 경우에는 대통령령으로 정하는 바에 따라 학습비 반환 등의 조치를 하여야 한다.
〈개정 2016.2.3.〉

1. 제42조에 따라 평생교육시설의 설치인가 또는 등록이 취소되거나 평생교육과정이 폐쇄 또는 운영정지된 경우

2. 평생교육기관의 설치·운영자가 교습을 할 수 없게 된 경우

3. 학습자가 본인의 의사로 학습을 포기한 경우

4. 그 밖에 학습자 보호를 위하여 대통령령으로 정하는 경우

⑤ 제31조제2항에 따른 학력인정 평생교육시설의 설립 주체는 「사립학교법」에 따른 학교법인 또는 「공익법인의 설립·운영에 관한 법률」에 따른 재단법인으로 한다.

제29조(학교의 평생교육)

①「초·중등교육법」및「고등교육법」에 따른 각급학교의 장은 평생교육을 실시함에 있어서 평생교육의 이념에 따라 교육과정과 방법을 수요자 관점으로 개발·시행하도록 하며, 학교를 중심으

로 공동체 및 지역문화 개발에 노력하여야 한다.

② 각급학교의 장은 해당 학교의 교육여건을 고려하여 학생 · 학부모와 지역 주민의 요구에 부합하는 평생교육을 직접 실시하거나 지방자치단체 또는 민간에 위탁하여 실시할 수 있다. 다만, 영리를 목적으로 하는 법인 및 단체는 제외한다.

③ 제2항에 따른 학교의 평생교육을 실시하기 위하여 각급학교의 교실 · 도서관 · 체육관, 그 밖의 시설을 활용하여야 한다.

④ 제2항 및 제3항에 따라 학교의 장이 학교를 개방할 경우 개방시간 동안의 해당 시설의 관리 · 운영에 필요한 사항은 해당 지방자치단체의 조례로 정한다.

제30조(학교 부설 평생교육시설)

① 각급학교의 장은 학생 · 학부모와 지역 주민을 대상으로 교양의 증진 또는 직업교육을 위한 평생교육시설을 설치 · 운영할 수 있다. 평생교육시설을 설치하는 경우 각급학교의 장은 관할청에 보고하여야 한다.

② 대학의 장은 대학생 또는 대학생 외의 자를 대상으로 자격취득을 위한 직업교육과정 등 다양한 평생교육과정을 운영할 수 있다.

③ 각급학교의 시설은 다양한 평생교육을 실시하기에 편리한 형태의 구조와 설비를 갖추어야 한다.

제31조(학교형태의 평생교육시설)

① 학교형태의 평생교육시설을 설치 · 운영하고자 하는 자는 대통령령으로 정하는 시설 · 설비를 갖추어 교육감에게 등록하여야 한다.

② 교육감은 제1항에 따른 학교형태의 평생교육시설 중 일정 기준 이상의 요건을 갖춘 평생교육시설에 대하여는 이를 고등학교졸업 이하의 학력이 인정되는 시설로 지정할 수 있다. 다만, 제6항에 따라 지방자치단체로부터 지원받은 보조금을 목적 외 사용, 부당집행하였을 경우에는 그 지정을 취소할 수 있다. 〈개정 2015.3.27.〉

③ 제2항에 따른 학력인정 평생교육시설에는 「초 · 중등교육법」 제19조제1항의 교원을 둘 수 있다. 이 경우 교원의 복무 · 국내연수와 재교육에 관하여는 국 · 공립학교의 교원에 관한 규정을 준용한다.

④ 「초 · 중등교육법」 제54조제4항에 따라 전공과를 설치 · 운영하는 고등기술학교는 교육부장관의 인가를 받아 전문대학졸업자와 동등한 학력 · 학위가 인정되는 평생교육시설로 전환 · 운영할 수 있다. 이 경우 전공대학의 명칭을 사용할 수 있다. 〈개정 2013.3.23.〉

⑤ 제2항에 따른 학력인정 평생교육시설의 지정 및 지정취소 기준 · 절차, 입학자격, 교원자격 등과 제4항에 따른 평생교육시설의 인가 기준 · 절차, 학사관리 등의 운영 방법 등에 필요한 사항은 대통령령으로 정한다. 〈개정 2015.3.27.〉

⑥ 지방자치단체는 해당 지방자치단체의 조례로 정하는 바에 따라 예산의 범위 내에서 「초 · 중등교육법」 제2조의 학교에 준하여 제2항에 따른 학력인정 평생교육시설에 필요한 보조금을 교부하거나 그 밖의 지원을 할 수 있다.

⑦ 제2항에 따른 학력인정 평생교육시설로 지정을 받은 자가 그 시설을 폐쇄하고자 하는 때에는 재학생 처리방안 등 대통령령으로 정하는 사항을 갖추어 관할 교육감의 인가를 받아야 한다.

⑧ 제2항에 따른 학력인정 평생교육시설의 재산관리, 회계 및 교원 등의 신규채용에 관한 사항은 각각 「사립학교법」 제28조, 제29조 및 제53조의2제9항을 준용하고, 장학지도 및 학생의 학교생활기록 관리는 각각 「초ㆍ중등교육법」 제7조 및 제25조제1항을 준용한다. 다만, 교비회계에 속하는 예산ㆍ결산 및 회계 업무는 교육부령으로 정하는 방식으로 처리하여야 한다. 〈신설 2015.3.27.〉

제32조(사내대학형태의 평생교육시설)

① 대통령령으로 정하는 규모 이상의 사업장(공동으로 참여하는 사업장도 포함한다)의 경영자는 교육부장관의 인가를 받아 전문대학 또는 대학졸업자와 동등한 학력ㆍ학위가 인정되는 평생교육시설을 설치ㆍ운영할 수 있다. 〈개정 2008.2.29., 2009.5.8., 2013.3.23.〉

② 제1항에 따른 사내대학형태의 평생교육시설은 다음 각 호의 어느 하나에 해당하는 사람을 대상으로 한다. 〈개정 2013.12.30.〉

  1. 해당 사업장에 고용된 종업원

  2. 해당 사업장에서 일하는 다른 업체의 종업원

  3. 해당 사업장과 하도급 관계에 있는 업체 또는 부품ㆍ재료 공급 등을 통하여 해당 사업장과 협력관계에 있는 업체의 종업원

③ 제1항에 따른 사내대학형태의 평생교육시설에서의 교육에 필요한 비용은 제2항 각 호에 해당하는 사람을 고용한 고용주가 부담하는 것을 원칙으로 한다. 〈신설 2013.12.30.〉

④ 제1항에 따른 사내대학형태의 평생교육시설의 설치기준ㆍ학점제등 운영에 필요한 사항은 대통령령으로 정한다. 〈개정 2013.12.30.〉

⑤ 제1항에 따른 사내대학형태의 평생교육시설을 폐쇄하고자 하는 경우에는 교육부장관에게 신고하여야 한다. 〈개정 2008.2.29., 2013.3.23., 2013.12.30.〉

제33조(원격대학형태의 평생교육시설)

① 누구든지 정보통신매체를 이용하여 특정 또는 불특정 다수인에게 원격교육을 실시하거나 다양한 정보를 제공하는 등의 평생교육을 실시할 수 있다.

② 제1항에 따라 불특정 다수인을 대상으로 학습비를 받고 교육을 실시하고자 하는 경우(「학원의 설립ㆍ운영 및 과외교습에 관한 법률」 제2조의2제1항제1호의 학교교과교습학원에 해당하는 경우는 제외한다)에는 대통령령으로 정하는 바에 따라 교육감에게 신고하여야 한다. 이를 폐쇄하고자 하는 경우에는 그 사실을 교육감에게 통보하여야 한다.
〈개정 2008.2.29., 2011.7.25., 2013.3.23., 2013.12.30.〉

③ 제1항에 따라 전문대학 또는 대학졸업자와 동등한 학력ㆍ학위가 인정되는 원격대학형태의 평생교육시설을 설치하고자 하는 경우에는 대통령령으로 정하는 바에 따라 교육부장관의 인가를 받아야 한다. 이를 폐쇄하고자 하는 경우에는 교육부장관에게 신고하여야 한다.
〈개정 2008.2.29., 2013.3.23.〉

④ 교육부장관은 제3항에 따라 인가한 원격대학형태의 평생교육시설에 대하여는 평가를 실시하고 그 결과를 공개하여야 한다. 〈개정 2008.2.29., 2013.3.23.〉

⑤ 제3항에 따른 원격대학형태의 평생교육시설의 설치기준, 학사관리 등 운영방법과 제4항에 따른 평가에 필요한 사항은 대통령령으로 정한다.

⑥ 제28조제2항 각 호의 어느 하나에 해당하는 자는 원격대학형태의 평생교육시설의 설치자가 될 수 없다.

제34조(준용 규정)

제33조 제3항에 따른 원격대학형태의 평생교육시설을 설치·운영하는 자와 그 시설에 대하여는 「사립학교법」제28조·제29조·제31조·제70조를 준용한다.

제35조(사업장 부설 평생교육시설)

① 대통령령으로 정하는 규모 이상 사업장의 경영자는 해당 사업장의 고객 등을 대상으로 하는 평생교육시설을 설치·운영할 수 있다.

② 제1항에 따른 사업장 부설 평생교육시설을 설치하고자 하는 자는 대통령령으로 정하는 바에 따라 교육감에게 신고하여야 한다. 이를 폐쇄하고자 하는 경우에는 그 사실을 교육감에게 통보하여야 한다.

제36조(시민사회단체 부설 평생교육시설)

① 시민사회단체는 상호 유기적인 협조체제를 구축하고 공공시설 및 민간시설 등 유휴시설을 활용하여 해당 시민사회단체의 목적에 부합하는 평생교육과정을 운영하도록 노력하여야 한다.

② 대통령령으로 정하는 시민사회단체는 일반 시민을 대상으로 하는 평생교육시설을 설치·운영할 수 있다.

③ 제2항에 따른 시민사회단체 부설 평생교육시설을 설치하고자 하는 자는 대통령령으로 정하는 바에 따라 교육감에게 신고하여야 한다. 이를 폐쇄하고자 하는 경우에는 그 사실을 교육감에게 통보하여야 한다.

제37조(언론기관 부설 평생교육시설)

① 신문·방송 등 언론기관을 경영하는 자는 해당 언론매체를 통하여 다양한 평생교육프로그램을 방영하는 등 국민의 평생교육진흥에 기여하여야 한다.

② 대통령령으로 정하는 언론기관을 경영하는 자는 일반 국민을 대상으로 교양의 증진과 능력향상을 위한 평생교육시설을 설치·운영할 수 있다.

③ 제2항에 따른 언론기관 부설 평생교육시설을 설치하고자 하는 자는 대통령령으로 정하는 바에 따라 교육감에게 신고하여야 한다. 이를 폐쇄하고자 하는 경우에는 그 사실을 교육감에게 통보하여야 한다.

제38조(지식·인력개발 관련 평생교육시설)

① 국가 및 지방자치단체는 지식정보의 제공과 교육훈련을 통한 인력개발을 주된 내용으로 하는 지식·인력개발사업을 진흥·육성하여야 한다.

② 제1항에 따른 지식·인력개발사업을 경영하는 자 중 대통령령으로 정하는 자는 평생교육시설을 설치·운영할 수 있다.

③ 제2항에 따른 지식·인력개발사업과 관련하여 평생교육시설을 설치하고자 하는 자는 대통령령으로 정하는 바에 따라 교육감에게 신고하여야 한다. 이를 폐쇄하고자 하는 경우에는 그 사실을 교육감에게 통보하여야 한다.

제38조의2(평생교육시설의 변경인가·변경등록 등)

① 제31조부터 제33조까지, 제35조부터 제38조까지의 규정에 따라 평생교육시설 인가를 받거나 등록·신고를 한 자가 인가 또는 등록·신고한 사항을 변경하고자 하는 때에는 대통령령으로 정하는 바에 따라 변경인가를 받거나 변경등록·변경신고를 하여야 한다.

② 제1항에 따른 변경인가 및 변경등록·변경신고의 방법·절차 등에 필요한 사항은 교육부령으로 정한다. [본조신설 2013.12.30.]

▶ 제6장 문해교육 〈개정 2014.1.28.〉

제39조(문해교육의 실시 등)

① 국가 및 지방자치단체는 성인의 사회생활에 필요한 문자해득능력 등 기초능력을 높이기 위하여 노력하여야 한다.

② 교육감은 대통령령으로 정하는 바에 따라 관할 구역 안에 있는 초·중학교에 성인을 위한 문해교육 프로그램을 설치·운영하거나 지방자치단체·법인 등이 운영하는 문해교육 프로그램을 지정할 수 있다. 〈개정 2014.1.28.〉

③ 국가 및 지방자치단체는 문해교육 프로그램을 위하여 대통령령으로 정하는 바에 따라 우선하여 재정적 지원을 할 수 있다.
〈개정 2014.1.28.〉 [제목개정 2014.1.28.]

제39조의2(문해교육센터 설치 등)

① 국가는 문해교육의 활성화를 위하여 진흥원에 국가문해교육센터를 둔다.

② 시·도교육감 및 시·도지사는 시·도문해교육센터를 설치하거나 지정·운영할 수 있다.

③ 국가문해교육센터 및 시·도문해교육센터의 구성, 기능 및 운영, 그 밖에 필요한 사항은 대통령령으로 정한다.
[본조신설 2016.2.3.]

제40조(문해교육 프로그램의 교육과정 등) 제39조에 따라 설치 또는 지정된 문해교육 프로그램을 이수한 자에 대하여는 그에 상응하는 학력을 인정하되, 교육과정 편성 및 학력인정 절차 등에 필요한 사항은 대통령령으로 정한다.
〈개정 2014.1.28.〉 [제목개정 2014.1.28.]

제40조의2(문해교육종합정보시스템 구축·운영 등)

① 교육부장관은 문해교육의 효율적 지원을 위하여 문해교육종합정보시스템을 구축·운영할 수 있다.

② 교육부장관은 문해교육종합정보시스템 운영업무를 국가문해교육센터에 위탁할 수 있다.

③ 제1항에 따른 문해교육정보시스템의 구축·운영과 제2항에 따른 문해교육정보시스템 운영업무의 위탁 등에 필요한 사항은 대통령령으로 정한다.

[본조신설 2016.2.3.]

▶ 제7장 평생학습 결과의 관리·인정

제41조(학점, 학력 등의 인정)

① 이 법에 따라 학력이 인정되는 평생교육과정 외에 이 법 또는 다른 법령의 규정에 따른 평생교육과정을 이수한 자는 「학점인정 등에 관한 법률」로 정하는 바에 따라 학점 또는 학력을 인정받을 수 있다.

② 다음 각 호의 어느 하나에 해당하는 자는 「학점인정 등에 관한 법률」로 정하는 바에 따라 그에 상응하는 학점 또는 학력을 인정받을 수 있다.

〈개정 2015.3.27.〉

1. 각급학교 또는 평생교육시설에서 각종 교양과정 또는 자격취득에 필요한 과정을 이수한 자

2. 산업체 등에서 일정한 교육을 받은 후 사내인정자격을 취득한 자

3. 국가·지방자치단체·각급학교·산업체 또는 민간단체 등이 실시하는 능력측정검사를 통하여 자격을 인정받은 자

4. 「무형문화재 보전 및 진흥에 관한 법률」에 따라 인정된 국가무형문화재의 보유자와 그 전수교육을 받은 사람

5. 대통령령으로 정하는 시험에 합격한 자

③ 각급학교 및 평생교육시설의 장은 학습자가 제31조에 따라 국내외의 각급학교·평생교육시설 및 평생교육기관으로부터 취득한 학점·학력 및 학위를 상호 인정할 수 있다.

▶ 제8장 보칙

제42조(행정처분)

① 교육부장관 또는 교육감은 평생교육시설의 설치자가 다음 각 호의 어느 하나에 해당하는 경우에는 그 시설의 설치인가 또는 등록을 취소하거나 평생교육과정을 폐쇄할 수 있고, 1년 이내의 기간을 정하여 평생교육과정의 전부 또는 일부에 대한 운영의 정지를 명할 수 있다. 다만, 제1호 및 제4호의 경우에는 그 인가 또는 등록을 취소하여야 한다.

〈개정 2008.2.29., 2013.3.23., 2013.12.30., 2015.3.27.〉

1. 거짓이나 그 밖의 부정한 방법으로 인가를 받거나 등록 또는 신고한 경우

2. 인가 또는 등록 시의 기준에 미달하게 된 경우

3. 평생교육시설을 부정한 방법으로 관리·운영한 경우

4. 제28조제2항 각 호의 어느 하나의 결격사유에 해당하는 경우

5. 제38조의2를 위반하여 변경인가를 받지 아니하거나 변경등록 · 변경신고를 하지 아니하고 평생교육시설을 변경하여 운영한 경우

② 교육부장관 또는 교육감은 제1항에 따라 평생교육과정의 전부 또는 일부에 대한 운영의 정지를 명하기 전에 1개월 이상의 기간을 정하여 위반사항의 시정 및 개선을 명할 수 있다. 〈신설 2015.3.27.〉

제42조의2(지도 · 감독)

① 교육부장관 또는 교육감은 이 법에 따라 설치 인가 · 지정을 하거나 등록 또는 신고를 받은 평생교육시설의 회계 관리 및 운영 실태 등을 지도 · 감독할 수 있다.

② 교육부장관 또는 교육감은 제1항에 따른 지도 · 감독을 위하여 필요하면 대통령령으로 정하는 바에 따라 해당 평생교육시설의 장에게 자료의 제출을 요구하거나 그 밖에 필요한 지시를 할 수 있다.

[본조신설 2015.3.27.]

제43조(청문)

교육부장관 또는 교육감은 다음 각 호의 어느 하나에 해당하는 처분을 하려는 경우에는 청문을 실시하여야 한다. 〈개정 2008.2.29., 2013.3.23., 2015.3.27., 2016.5.29.〉

1. 제24조의2에 따른 평생교육사 자격의 취소

2. 제42조제1항에 따른 인가 또는 등록의 취소

제44조(권한의 위임 및 위탁)

① 교육부장관은 이 법에 따른 권한의 일부를 대통령령으로 정하는 바에 따라 교육감에게 위임할 수 있다. 〈개정 2008.2.29., 2013.3.23., 2013.5.22.〉

② 교육부장관은 다음 각 호에 따른 업무의 전부 또는 일부를 대통령령으로 정하는 바에 따라 진흥원에 위탁할 수 있다. 〈신설 2013.5.22.〉

1. 제24조에 따른 평생교육사의 양성 및 평생교육사 자격증의 교부 · 재교부

2. 제25조에 따른 평생교육사 양성기관의 지정

③ 교육감은 이 법에 따른 권한의 일부를 대통령령으로 정하는 바에 따라 소관 교육장에게 위임할 수 있다. 〈신설 2013.5.22.〉

[제목개정 2013.5.22.]

제45조(유사 명칭의 사용 금지)

이 법에 따른 진흥위원회 · 진흥원 · 평생교육협의회 · 평생학습관 · 평생학습센터 · 국가문해교육센터 및 시 · 도문해교육센터가 아니면 이와 비슷한 명칭을 사용하지 못한다. 〈개정 2014.1.28., 2016.2.3.〉

제45조의2(벌칙)

제31조제2항에 따른 학력인정 평생교육시설을 설치 · 운영하는 자가 다음 각 호의

어느 하나에 해당하는 경우에는 2년 이하의 징역 또는 2천만원 이하의 벌금에 처한다.

1. 제31조제8항에 따라 준용되는 「사립학교법」 제28조를 위반한 경우

2. 제31조제8항에 따라 준용되는 「사립학교법」 제29조제6항을 위반한 경우

[본조신설 2015.3.27.]

제46조(과태료)

① 다음 각 호의 어느 하나에 해당하는 자에게는 500만원 이하의 과태료를 부과한다. 〈개정 2013.12.30., 2015.3.27., 2016.2.3.〉

1. 제18조제2항을 위반하여 자료를 제출하지 아니하거나 거짓의 자료를 제출한 자

1의2. 제28조제4항을 위반하여 학습비 반환 등의 조치를 하지 아니한 자

2. 제32조제5항, 제33조제2항·제3항, 제35조제2항, 제36조제3항, 제37조제3항 및 제38조 제3항에 따른 신고를 태만히 한 자

3. 제42조제2항에 따른 명령을 위반한 평생교육시설 또는 설치자

4. 제45조를 위반하여 유사 명칭을 사용한 자

② 제1항에 따른 과태료는 대통령령으로 정하는 바에 따라 관할청이 부과·징수한다.

③ 제2항에 따른 과태료 처분에 불복하는 자는 그 처분을 고지받은 날부터 30일 이내에 관할청에 이의를 제기할 수 있다.

④ 제2항에 따른 과태료 처분을 받은 자가 제3항에 따라 이의를 제기한 때에는 관할청은 지체 없이 관할 법원에 그 사실을 통보하여야 하며, 통보를 받은 관할 법원은 「비송사건절차법」에 따른 과태료 재판을 한다.

⑤ 제3항에 따른 기간에 이의를 제기하지 아니하고 과태료를 내지 아니한 때에는 국세 또는 지방세 체납처분의 예에 따라 징수한다.

부칙 〈제14160호, 2016.5.29.〉

제1조(시행일) 이 법은 공포 후 1년이 경과한 날부터 시행한다. 다만, 제24조, 제24조의2 및 제43조의 개정규정은 공포 후 3개월이 경과한 날부터 시행한다.

제2조(금치산자 등에 대한 경과조치) 제28조제2항제1호의 개정규정에 따른 피성년후견인 또는 피한정후견인에는 법률 제10429호 민법 일부개정법률 부칙 제2조에 따라 금치산 또는 한정치산 선고의 효력이 유지되는 사람을 포함하는 것으로 본다.

제3조(장애인평생교육시설에 관한 경과조치) 이 법 시행 당시 종전의 「장애인 등에 대한 특수교육법」 제34조제2항에 따라 교육감에게 등록한 장애인평생교육시설은 제20조의2제2항의 개정규정에 따라 교육감에게 등록한 것으로 본다.

제4조(다른 법률의 개정) 장애인 등에 대한 특수교육법 일부를 다음과 같이 개정한다.

제5조제1항제10호 중 "고등교육 및 평생교육"을 "고등교육"으로 한다.

제5장의 제목 "고등교육 및 평생교육"을 "고등교육"으로 한다.

제33조 및 제34조를 각각 삭제한다.

▶ 선택 1-② 실습기관 관련법 및 정책이해와 기관분석 / 기관 SWOT 분석

γ 예일평생교육원 SWOT 조사 및 분석

내부요인			
강점 (Strength)	국가지정기관 기관장과 교직원의 전문성 학습자에 대한 높은 관심 10년간 직업상담사 운영 프로그램 시간 유연성	약점 (Weakness)	주차 공간 협소 노후 된 건물 기관 위치 동영상 교육 없음
외부요인			
기회 (Opportunity)	인근 사업체 다양 고용복지플러스 센터 근접 대중교통 편리	위협 (Threat)	현 위치 재개발계획 인근 평생교육원 다수 설립 지역 인구이동에 따른 학습자 감소

γ 예일평생교육원 SWOT 분석에 따른 전략수립

구분	내용
SO전략 강점으로 기회 살리기	― 전문과정인 직업상담사를 광주고용복지플러스센터를 방문하는 실업자나 취업 준비생을 대상으로 적극홍보 ― 인근 기업체를 대상으로 희망 프로그램 사전조사 및 직업상담사 홍보
ST전략 강점으로 위협 피하기	― 인근 평생교육원의 현재 이슈화 된 프로그램과 차별화 된 직업상담사 및 사회복지사 전문 교육과정으로 유지 ― 지리적 중심지를 활용하여 각 구별 학습자 모집
WO전략 약점보완으로 기회 살리기	― 본 기관의 위치와 학습 환경이 열악하다면 현재 전문성 있는 강의 노하우와 프로그램을 가지고 다른 지역 또는 다른 기관의 학습자를 대상으로 특강 및 출장교육 운영
WT전략 약점보완으로 위협 피하기	― 주차공간이 협소하고 지리적으로 찾기 어려운 위치에 있는 점을 보완하여 장소에 구애가 없는 인터넷·모바일 강의를 통한 학습자 모집

▶ 선택 2-⑤ 교육프로그램 운영 지원 / 프로그램 모니터링과 분석

참관일 : 2018년 9월 16일 / 강의명 : 직업상담사(직업심리학) 필기반 / 강사명 : 배O영							
항목	질문내용	5	4	3	2	1	comment
내용구성	강의 안내 여부		O				
	강의 내용에 대한 호기심 유발			O			
	강의 방식의 적절성	O					
	강의 속도		O				
강의 전개	강의의 시작과 끝맺음의 여부	O					
	수업의 소수 집중 여부	O					
	강의의 열의	O					
기자재 사용	기자재 다룸의 숙련도		O				
	강의 내용에 적절한 기자재 선택 여부		O				
	악센트 효과	O					
학생들과의 관계	학생들의 의사 존중	O					
	학생들의 참여 기회 제공		O				
	질문에 대한 대답의 성실도	O					
	학생의 잘못에 대한 반응		O				
	학생과의 적절한 친밀감 유지	O					
몸동작	시선 처리	O					
	서 있는 자리의 유동성	O					
	주의집중을 끌어내기 위한 동작		O				
목소리	성량의 크기	O					
	말하는 속도	O					
	발음의 정확도	O					

▶ **강사의 장점**
과목의 이해도가 높으며, 장기적인 프로그램 설계로 2차 실기 자격증 합격까지 도움이 되는 강의법으로 강의함
직업상담사 자격증 취득 이후 취업관련내용 등을 안내하며 지속적으로 학습자에게 합격에 대한 동기부여

▶ **강사의 단점**
자격증 취득의 목적에 치중되어서인지 과목 진도가 빨리 진행됨

▶ 선택 2-⑥ 교육프로그램 운영지원 / 학습자 성향과 특성 분석

인터뷰 대상의 일반정보

학습자명 (익명가능) : 이ㅇ영	연령대 / 성별 : 30대 / 여
수강강좌 : 직업상담사 필기반	본 강좌 수강경력 : 없음
타 기관 수강경험 : 없음	타 강좌 수강경력 : 없음

5 : 매우만족 / 4 : 만족 / 3 : 보통 / 2 : 불만족 / 1 : 매우 불만족

번호	질문내용	5	4	3	2	1	comment
1	강좌의 초기계획에 따른 체계적 진행 여부	O					계획표별 수업동일
2	학습내용의 양과 수준의 적합성		O				학습내용별 필요수준
3	강사의 수업진행 능숙함의 정도		O				강사별로 다름
4	강사의 수업시간 약속수행 여부 (지각여부)	O					
5	학습자들의 수업시간 약속수행 여부 (지각여부)	O					
6	수강한 강좌의 강의방법 적절성	O					
7	수강한 강좌의 실용성의 정도	O					
8	교육시설의 교육적합성 정도		O				주차 공간 부족
9	수강한 강좌의 내용과 홍보 내용과의 일치도	O					
10	본 강좌의 재등록 의향			O			자격증 취득 시 재수강이 불필요
11	수강한 강좌에의 적극적 참여의 정도	O					
12	수강한 강좌에 대한 전반적인 만족도	O					전문적인 지식을 배움
13	수강한 강좌의 개선사항	O					

추가의견 : 없음

▶ 선택 3-① 유관기관 방문 및 관련 행사 참석 / 양림동 역사문화마을

실습생	성 명	김 0 희
	휴대전화	010-4000-0000
방문기관 및 관련행사	기관 및 관련행사명	양림동 역사문화마을
	방문목적	광주광역시에서 진행되는 역사문화마을 프로그램 조사 및 변화된 거리 문화 분석
	방문일시	2018년 09월 11일 13시~18시

조사 및 방문내용

▶ 양림동 체험관 및 주요 명소

— 양림마을 이야기관 : 1층은 관광안내소이며 2층은 양림동이 역사문화마을로 성장한 역사 및 인물들을 알 수 있음. 어릴 적 놀이체험 공간, 투어 팜플렛을 제공하여 명소별 스탬프 미션을 채울 시 기념품 제공

— 동개비 까페 : 양림동의 마스코트, 약 400년 전 광주 양림동의 충견 개비설화를 바탕으로 만들어진 캐릭터이며 지역소재 캐릭터개발지원사업을 통해 탄생함. 스티커, 페이퍼토이, 텀블러, 파우치, 에코백 등을 포함한 다양한 캐릭터 상품과 원작 동화책 판매

— 펭귄마을 : 낡은 냄비, 망가진 시계, 버려진 창틀, 항아리, 액자 등 일상생활 폐품으로 작품을 만들고 낡은 벽에 그림을 그려 골목 곳곳마다 볼거리가 가득한 곳으로 만듦

— 이장우 가옥과 최승효 가옥 : 1983년 3월 20일 광주광역시 민속자료 제1호로 지정 된 전통 가옥. 개인소유로 출입이 자유롭지 못함

— 한희원 미술관 : 광주 양림동을 대표하는 한희원 화가의 서정적인 작품이 전시되어 있으며 한쪽에 커피를 즐길 수 있는 공간도 마련되어 있음

오웬기념각 : 기독병원 간호전문대학 내에 위치. 배유지 목사와 함께 전남 최초의 선교사로 들어와 광주에서 순교한 오웬선교사를 기념하기 위하여 미국 친지들이 보낸 기금 4,200달러로 1914년에 세워진 양옥건물임

— 우일선교사 사택 : 광주광역시 기념물 제15호. 미국선교사 우일선에 의해 1920년대에 건립되었다고는 하나 정확한 건립 연대는 알 수 없음. 광주에 현존하는 가장 오래된 양식 주택임

— 3·1만세운동 기념동상과 3·1만세운동길 등

▶ 교통수단

— 광주광역시의 시내 도보 10분 / 버스 및 지하철 이용가능

— 광주 시티투어 버스 운행 중 펭귄마을 하차 가능

— 자가 이용 시 주차 공간 있음

2018년 09월 11일

실습생: 김0희 (인)

▶ 선택 3-① 유관기관 방문 및 관련 행사 참석 / 평촌 생태마을

실습생	성 명	김 0 희
	휴대전화	010-0000-0000
방문기관 및 관련행사	기관 및 관련행사명	평촌 생태마을
	방문목적	광주광역시 생태마을 프로그램 조사
	방문일시	2018년 09월 20일 11시 ~ 18시

조사 및 방문내용

▶ 평촌 생태마을 체험 프로그램 (사전예약 운영)

프로그램	종류	장소	체험비용 (원)
먹거리 체험	두부 들기름 지짐 체험	무돌길 쉼터	1인/10,000
	두부과자 만들기 체험	무돌길 쉼터	1인/8,000
만들기 체험	도예공방 체험	평촌도예공방	1인/15,000
	천연 짚 계란꾸러미 만들기	평촌마을	1인/5,000
	솟대 체험	평촌마을	1인/5,000
	다육 식물 체험	평촌도예공방	1인/8,000
생태 체험	반딧불이 관찰 체험	평촌마을일원	1인/8,000
평촌 명품마을 및 마을길 트레킹	평촌 명품마을 소개 및 마을길 ECO트레킹	평촌마을	단체/50,000
농촌체험	소여물주기 체험	마을 축사	1인/3,000
	농작물수확 체험	마을 축사	1인/5,000~8,000

2018년 09월 20일

실습생: 김0희 (인)

▶ 최종 실습평가회 실습학생 후기

구분		내용
실습이 나에게 준 의미	실습 진행 시 어려웠던 점	예산편성 및 모의 프로그램 개발이 어려웠음
	실습을 통해 배운 점	평생교육 기관 및 프로그램의 다양성과 실무에 필요한 역할과 직무 등을 상세하게 알게 됨
	실습 전과 후의 달라진 나의 모습	평생교육에 대해 단순한 이론 학습만 하다가 이론과 연결 된 실무를 통해 기관의 운영, 행정 및 평생교육 프로그램의 개발 접근법 및 개발방법, 효율적인 운영 방법 등을 알게 되었음
	평생교육 관련 나의 진로	평생교육 프로그램 개발 및 교수학습
실습기관에 대한 의견	주요 실습내용 및 업무	운영지원(수강생 출결관리 및 자료, 문서정리 보조 등) 평생교육법 및 정책 이해 평생교육관련 정보수집 및 분석 학습자 요구조사에 대한 이해 모의 프로그램 개발 기관 프로그램 모니터링 및 수강생 만족도 조사 기관 프로그램 홍보
	실습기관에 대하여 좋았던 점	기관 내 전문화된 프로그램 운영으로 정확한 운영 방식이 좋았고, 실습일정 진행 시 실습지도자의 일정별 누락 없는 실습 과정이 좋았음
	실습기관이 보완해야 할 점	진행 가능한 프로그램이 많음에도 불구하고 다수의 욕구를 충족할만한 프로그램 운영이 안 되어 아쉬움 기관의 위치는 좋으나 재개발 지역 확정으로 인해 학습자의 접근이 저조해 질 수 있어 기관 이전이 필요할 듯함
	실습기관으로서의 적합도 평가	특화 프로그램(직업상담사과정)이 잘되어 있음 조사 및 분석, 개발 등 직접 실습을 통해 실무 이해도를 높이는 실습 진행 좋음
실습관련 건의사항		없음

참고문헌

평생교육진흥원(2008). **평생교육사 양성기관 운영 길라잡이**. 서울: 평생교육진흥원

평생교육진흥원(2009). **평생교육현장실습 매뉴얼**. 서울: 평생교육진흥원

국가평생교육진흥원(2013). **평생교육사 一石三鳥 세미나『평생교육사 자격제도 정비를 위한 비전과 과제』** 서울: 국가평생교육진흥원

국가평생교육진흥원(2014). **2014년 제2차 평생교육사 자격증 발급안내를 위한 설명회**

국가평생교육진흥원(2016). **2016년 평생교육사 1급 승급과정연수 조별 프로젝트 보고서**

국가평생교육진흥원(2018). **2018년 평생교육사 자격제도 관계자 직무연수**
평생교육사 현장실습기관 담당자 연수

안홍선, 권혁훈(2011). **평생교육사 실습이론과 실천**. 경기도: 양서원 P14~22

송병순, 이영호(2000). **평생교육의 이론과 실제**. 서울: 원미사

김한별, 박소연(2007) **대학평생교육사 양성과정 이수자의 학습경험탐색**. 평생교육학연구

김혜영(2011). **한국평생교육사의 전문직화에 관한 연구**. 중앙대학교 박사학위 청구논문

이화정 외(2002). **평생교육프로그램 개발이론과 실제**. 서울: 학지사

변종임(2003). **평생교육사의 역할분석과 위상제고 방안**. 한국평생교육학회. 평생교육학연구. 제9권 제2호

이해주, 윤여각, 전도근(2004). **평생교육사 현장실습의 이론과 실제**. 서울: 한국방송통신대학교 출판부

김진화(2003). **평생교육사의 직업적 전문성과 직무의 탐구**. 학국평생교육학회. 평생교육학연구 제12권 제23호

김소영(2003) **평생교육사 직업적 정체성에 관한 연구**. 중앙대학교 대학원 석사학위 청구논문

홍기형, 이화정, 변종임(2006). **학습사회구현을 위한 평생교육의 이해**. 경기: 교육과학사

한국교육개발원(2006). **평생교육현장실습운영 매뉴얼**. 서울: 한국교육개발원.

권두승(2008). **평생교육법 개정 해설자료**. 서울: 교육과학기술부·평생교육진흥원

김남선(2009). **평생교육론**. 서울: 형설출판사

예일평생교육원 실습일지 광주: 예일평생교육원

국가법령정보센터 htt://www.law..go.kr/

경기평생교육학습관 htt://www.gglec.go.kr/

편 | 저 | 자 | 약 | 력

오 중 근(평생교육사 1급)

남부대학교 교육대학원(교육학 석사, 평생교육전공)

〈연구분야〉 평생교육, 직업상담, 문해교육

〈저서〉 합격비법서 직업상담사

현) 예일평생교육원 원장

   평생학습 & 직업상담 강사

   예일평생교육원 평생교육연구위원

배 숙 영(평생교육사 1급 2018년 12월 취득예정)

남부대학교 교육대학원(교육학 석사, 평생교육전공)

〈연구분야〉 평생교육, 직업상담, 문해교육, 사회복지

〈저서〉 합격비법서 직업상담사

현) 예일평생교육원 부원장

   평생학습 & 직업상담 강사

   예일평생교육원 평생교육연구위원

서 옥 순(평생교육사 2급)

남부대학교 교육대학원(교육학 석사, 평생교육전공)

〈연구분야〉 평생교육, 직업상담, 문해교육, 사회복지

현) 예일평생교육원 전임강사

   평생학습 & 직업상담 강사

   예일평생교육원 평생교육연구위원

이 경 아(평생교육사 2급)

경남대학교 교육대학원(교육학 석사, 평생교육전공)

〈연구분야〉 평생교육, 직업상담, 문해교육

현) 경남사전시 평생학습센터 평생교육사

   예일평생교육원 평생교육연구위원

김 은 희(평생교육사 2급)

광신대학교 교육대학원(교육학 석사, 한국어교원전공)

〈연구분야〉 평생교육, 직업상담, 문해교육, 부모교육

〈저서〉 합격비법서 직업상담사

현) 예일평생교육원 평생교육센터장

    평생학습 & 직업상담 강사

    예일평생교육원 평생교육연구위원

박 기 주(평생교육사 2급)

남부대학교 교육대학원(교육학 석사, 평생교육전공)

〈연구분야〉 평생교육, 문해교육, 사회복지

현) 영암군 문해교육사

    예일평생교육원 평생교육연구위원

김 정 희(평생교육사 2급)

남부대학교 교육대학원(교육학 석사과정 재학중, 평생교육전공)

〈연구분야〉 평생교육, 직업상담, 문해교육

현) 예일평생교육원 전임강사

    평생학습 & 직업상담 강사

    예일평생교육원 평생교육연구위원

황 해 인(평생교육사 2급)

초당대학교 일반대학원(아동청소년상담학 석사과정 재학중)

〈연구분야〉 평생교육, 직업상담, 아동청소년상담학

현) 예일평생교육원 전임강사

    예일평생교육원 평생교육연구위원

평생교육 실습론

발행일 2018년 09월 19일

편저자 오중근, 배숙영, 서옥순, 이경아, 김은희, 박기주, 김정희, 황해인

발행인 항공신문 조재은

주 소 광주광역시 북구 금남로 98번길 11

대표전화 062-523-1199

상담전화 062-523-1199 l FAX 062-523-1198

E - mail ojg13@naver.com

ISBN 979-11-963880-1-0 93370

정가: 20,000원

국립중앙도서관 출판예정도서목록(CIP)

평생교육실습론 / 오중근, 배숙영, 서옥순, 이경아, 김은희,
 박기주, 김정희, 황해인 편저. -- [서울] : 항공신문, 2018

권말부록: 평생교육실습일지
참고문헌 수록
ISBN 979-11-963880-1-0 93370 : ₩20000

평생 교육[平生敎育]

378-KDC6
374-DDC23   CIP2018029595